PIAF
SECRÈTE

DU MÊME AUTEUR

Les Loups de l'amiral, Fayard, 1970.
Le Choix, Fayard, 1971.
Fortune de mer, avec Olivier de Kersauson,
Presses de la Cité, 1976.
Seule la victoire est jolie, avec Michel Malinovski,
éd. maritimes et d'outremer, 1977.
Petit dauphin sur la peau du Diable, avec Daniel Gilard,
Plon, 1978.
La Grâce de Dieu, Julliard, 1978.
La Banquière, avec Georges Conchon, Ramsay, 1980.
La Mariée de l'ombre, Ramsay, 1985.
L'Étourdi, Lattès, 1985.
Vengeance, Plon, 1986.
Le Pied à l'étrier, Grasset, 1987.
Homme libre, toujours tu chériras la mer,
avec Olivier de Kersauson, Fixot, 1994.
Le Siècle du Belem,
avec Philip Plisson, Gallimard Jeunesse, 1996.
Chers Italiens, de Fallois, 1996.

JEAN NOLI

PIAF
SECRÈTE

Préface de Charles Aznavour

l'Archipel

Si vous désirez recevoir notre catalogue et
être tenu au courant de nos publications,
envoyez vos nom et adresse, en citant ce
livre, aux Éditions de l'Archipel,
34, rue des Bourdonnais, 75001 Paris.
Et, pour le Canada,
à Édipresse Inc., 945, avenue Beaumont,
Montréal, Québec, H3N 1W3.

ISBN 978-2-80981-253-4

C'était un être dramatique qui adorait la vie.

Du moins, c'est ainsi que j'ai toujours considéré Édith Piaf, une femme qui avait trouvé dans le rire son refuge.

Notre première rencontre eut lieu dans un studio de radio. C'était il y a longtemps. C'était en 1946. Un échange de regards avait suffi pour qu'aussitôt une incroyable complicité nous rapprochât. Le soir même, j'étais invité chez elle dans l'appartement de la rue de Berri, sommairement meublé, qu'elle avait loué.

Notre amitié avait été immédiate comme un coup de foudre.

Ce soir-là, je découvrais que Piaf était un personnage fait d'instinct et d'impulsions : elle aimait ou elle détestait. Sans nuances.

On a beaucoup écrit sur elle. On a raconté ses excentricités et ses excès, ses extravagances et ses débordements. On a beaucoup décrit et décrié ses amours tumultueuses.

Personnage caméléon, Piaf a su malicieusement, au gré de ses rencontres et de ses humeurs, brouiller les pistes et camoufler sa véritable identité en se racontant chaque fois avec la plus totale sincérité.

Édith, c'est l'exercice talentueux et incomparable de la double personnalité. Il y a celle qui a bâti sa légende.

Il y a celle de la réalité qui a influencé sur son talent, sans altérer son comportement. C'est son drame physique et son passé dramatique qui se retrouvent dans son art. Personne n'a éprouvé une telle joie de vivre tout en se détruisant physiquement. Elle répétait souvent, avec des accents poignants : « Je les paie cher, mes conneries.» C'était un constat, pas un regret. Car, ainsi qu'elle l'a chanté, Piaf n'a jamais rien regretté. D'ailleurs, elle avait pour chacun de ses actes un alibi moral irréfutable qui lui valait l'absolution de ses admirateurs. L'alcool et la drogue, qui ont sapé ses forces, nous ont valu un mea culpa *bouleversant.*

*L'alcool. « J'ai bu après la mort de Marcel Cerdan.» Pour lui, à Paris et à New York, elle interprète, pathétique, l'*Hymne à l'amour *; son chagrin et son désespoir sont abominablement vrais. Mais, en même temps, elle tisse sa légende. Le soir, après le spectacle, qu'elle soit à Paris ou aux États-Unis, elle réunit ses amis pour leur parler du disparu qu'elle n'oubliera jamais, et pour noyer sa peine, elle boit. De tout : du vin rouge, du whisky, de la bière surtout. Il y a, bien entendu, dans son entourage des fripouilles qu'elle aime bien, qui abreuvent son vice. Ils arrivent, chaque soir, les bras chargés de bouteilles. « Édith est malheureuse : il faut l'aider à oublier », prêchent-ils. Elle boit. Et commence alors la série des cures de désintoxication. L'infirmière, qui la veille fouille chaque soir sous le matelas et les oreillers, débusque les bouteilles que l'artiste a cachées... Enfin, quand le chagrin s'estompe, la soif s'étanche.*

Qui peut en vouloir à une femme, à moins d'avoir un cœur de pierre, de s'être enivrée pour oublier Marcel ?

La drogue prend la relève. La morphine est son nouveau refuge. Les mêmes qui l'approvisionnaient en alcool la ravitaillent en stup. Piaf paie ses amis dealers le prix fort. La morphine, pourquoi ? Piaf s'est racontée.

« J'étais en tournée. Une nuit, alors que je me rendais dans la ville suivante, où je devais chanter, la voiture a raté un virage et quitté la route. Quand on m'a extraite de l'amas de ferraille, je souffrais de nombreuses fractures. On m'a rafistolée. Mais, comme je souffrais atrocement, on a dû m'administrer de la morphine pour calmer ma souffrance. C'est ainsi que je me suis accoutumée à cette drogue. Sans l'accident, jamais je n'aurais touché à ça. »

Une fois encore, les allers et retours dans les cliniques de désintoxication se succèdent. Une fois encore, il faut que son entourage, à commencer par son imprésario, Louis Barrier, monte la garde pour écarter les pourvoyeurs qui font leur beurre avec leurs livraisons.

Personnage imprévisible, donc fantasque, elle exerçait sur ses amis une tyrannie constante à laquelle nul ne songeait à se soustraire. Elle demandait d'une voix fluette de petite fille (quand cela l'arrangeait) ou sur un ton cassant et excédé (elle y excellait) : chacun s'assujettissait, prisonnier volontaire de son pouvoir. J'en ai moi-même fait les frais. C'était à New York. Je la suivais dans sa tournée. J'avais un nez busqué d'Arménien que j'aimais bien : c'était le mien ! Longtemps elle me harcela pour que je le fasse réduire en me soumettant à la chirurgie esthétique. Finalement, sous l'avalanche quotidienne de ses arguments (« Tu ne peux pas vivre avec un nez si proéminent », etc.), je finis par capituler. Je me laissai opérer. Quand, quelques semaines plus tard, mes yeux boursouflés et pochés eurent retrouvé leur forme et leur couleur normale, quand mon nouveau nez eut bien dégonflé, je me présentai devant elle. D'abord, elle ne me reconnut pas. Puis, avec une petite moue, elle me dit : « Je te préférais avant... »

Avoir l'honneur d'appartenir au clan de ses amis n'était pas une sinécure. Il fallait être présent à tout

9

moment. Il fallait épier sa démarche, son regard, son laisser-aller vestimentaire pour flairer – sans se tromper – si elle était grincheuse ou malheureuse.

Elle n'aimait ni le jour ni la solitude, mais vivait rideaux tirés, comme dans la nuit. Elle avait besoin d'amour et de protection. Nous subissions son envoûtement. Quand le médecin la mettait au régime « coquillettes à l'eau », tous, nous dégustions avec des mines gourmandes les ignobles petites pâtes fades. Quand, à la suite d'une visite, Jean Cocteau parlait, emphatique, d'un ouvrage ennuyeux à périr, La Recherche de la vérité, Piaf contraignait tout son monde – Marcel Cerdan compris – à le lire, le réciter, le commenter. Idem, plus tard, avec l'œuvre de Teilhard de Chardin, rebaptisé spirituellement par nous : Théière dans le jardin.

Les gens cultivés qui la rencontraient étaient éblouis, sidérés même, par les connaissances de Piaf. Paresseuse et impatiente, elle ne lisait pas. Elle parcourait les ouvrages ou se les faisait résumer par des amis chargés de ces corvées de lecture. Édith glanait de la culture, assimilait en surface, juste ce qu'il fallait pour épater.

Les soirées « littéraires », cependant, étaient rares. Lorsqu'elle n'était pas en tournée, quand elle ne préparait pas un tour de chant ou donnait des récitals, l'hilarité était de rigueur. La mission de chacun était simple : déclencher son fou rire.

Amours naissantes ou amours déclinantes nécessitaient des attentions permanentes. Dans ses moments de tristesse ou de détresse, il nous fallait guetter le moment propice pour débiter une ânerie qui la dériderait, dessinerait un sourire, lui arracherait un rire.

C'était un rire de gorge, profond, émouvant, inoubliable. Un rire qui, souvent, la libérait d'une angoisse, d'un chagrin, de la peur – l'unique peur que Piaf connût – de ne plus pouvoir remonter sur scène, chanter, conquérir ces foules qui l'adulaient.

Pour moi qui l'ai connue jusqu'au bout de sa vie, pour moi qui l'ai vue si souvent à l'article de la mort et puis ressusciter miraculeusement, comme soutenue par une force invisible (« C'est le petit Jésus qui me protège », assurait-elle), je ne veux garder d'Édith que le souvenir de son rire. Il exprimait les drames de son existence et son amour de la vie.

Nous n'étions ni une bande, ni un clan, mais plutôt une famille, bizarre, étrange parfois, mais une famille serrée, groupée, complice, heureuse autour de Piaf. Difficile d'y entrer, encore plus de s'y maintenir. Il fallait pour cela répondre à de nombreux critères. Et curieusement, bien que n'étant ni auteur, ni compositeur, ni interprète, Jean Noli fut intégré immédiatement, et jusqu'à la fin. Il est à ma connaissance le seul de sa profession à avoir fait partie des intimes à temps complet. Pourquoi ? Simplement parce qu'il avait un comportement qui plaisait à Édith. À lui, bien que journaliste, elle parlait, se racontait, livrait parfois ses états d'âme, parce qu'elle sentait qu'en aucun cas il ne la trahirait.

Jean n'a jamais publié une ligne sans son accord. Elle aimait sa discrétion, son humour. Elle le savait attentif, admiratif, timide, honnête. Pas « brosse à reluire », disait-elle, ni parasite. Elle pensait que l'amitié qu'elle lui accordait était bien placée. Elle ne s'est pas trompée.

Si nombre d'auteurs de biographies n'ont même jamais frôlé l'ombre de Piaf, Jean Noli, lui, connaissait son sujet sur le bout du cœur et de la mémoire. Elle lui faisait confiance. Vous le pouvez aussi.

Charles Aznavour

1

Au téléphone, elle m'avait précisé avec le ton pointu et excédé de ceux qui n'ont pas de temps à perdre :

« Soyez chez moi à midi précis. »

J'étais à l'heure au rendez-vous.

Christiane, la femme de chambre maigre comme une araignée, m'avait chuchoté en ouvrant la porte :

« Ne faites pas de bruit. Madame dort encore. »

Après m'avoir précédé dans la longue entrée, elle avait ajouté avant que je ne passe dans le salon :

« Madame va se réveiller d'une minute à l'autre. Je vous annoncerai. »

Sans faire de bruit, Christiane avait refermé la porte. Il m'avait fallu quelques secondes pour m'accoutumer à l'obscurité du salon. Les volets étaient fermés et les lourds rideaux bleus tirés. Néanmoins, une faible lumière parvenait à se faufiler. Elle me permit d'éviter le piano à queue abandonné en plein centre de la pièce. En revanche, je n'évitai pas les pièges des fils de micros, magnétophones, électrophones qui s'enchevêtraient sur la moquette. Fatalement, je butai dedans. Rendu circonspect, je me dirigeai vers un long divan très bas qui faisait face à quatre fauteuils très amples, très profonds, très défoncés. Je me laissai tomber dans celui qui était le plus proche de la fenêtre. L'attente commença. Le silence était sépulcral. À intervalles réguliers, Christiane venait me proposer du thé, du café, du whisky, de la bière, du vin rouge. Parfois, elle me tapotait l'épaule avec douceur pour me réveiller. Une seule fois j'acceptai une tasse de café avant de resombrer dans ma somnolence. J'étais bien. Comme dans une clinique. Par moments, les murs et les vitres du salon tremblaient hystériquement au passage d'un gros camion sur le boulevard Lannes, puis le silence et l'immobilité se réinstallaient.

Il était environ 16 heures quand ma sieste fut interrompue par l'arrivée d'une femme qui vint s'installer dans le divan. Le peu de lumière qui parvenait jusqu'à son visage me permit de distinguer des cheveux ondulés, blonds et roux, un teint extrêmement laiteux, des yeux bleus très grands, des lèvres roses sans maquillage, des rides profondes et belles. Son tailleur bleu pâle me parut deux fois trop ample pour elle.

Nous nous dévisageâmes. À son allure détendue, à la facilité avec laquelle elle trouva le cendrier et les allumettes sur la table basse, malgré la pénombre, je devinai qu'elle était une habituée de la maison. Tout en allumant sa cigarette, elle me coulait des regards furtifs. Visiblement, elle se demandait qui diable je pouvais bien être. Finalement, sa curiosité fut trop forte. D'une voix un peu voilée, mais chaleureuse, elle dit :

« Je suis Marguerite Monnot. Et vous ?

— Un journaliste.

— Ah… Important ? Connu ?

— Non. Pas très.

— Ah ! »

Nous demeurâmes ainsi, assis face à face, échangeant de courts sourires lorsque nous ne réussissions pas à éviter de nous regarder, jusqu'à l'arrivée d'un homme imposant et important. L'élégant costume croisé du nouvel arrivant ne parvenait pas à camoufler son embonpoint. Majestueux, l'homme vint vers nous. Il ne m'accorda pas un regard, ne me salua pas. Il embrassa Marguerite Monnot sur les deux joues – des baisers sonores –, puis s'installa près d'elle. Il souffla un peu, lissa sa moustache bien fine, bien taillée. Un parfum de lavande m'enveloppa.

« Elle dort encore ? demanda Coquatrix, très contrarié, en allumant une cigarette.

— Oui, Bruno », soupira Marguerite Monnot.

Après avoir exhalé un long jet de fumée dans ma direction, Coquatrix s'agita un peu. Il balaya de la main des cendres qui étaient tombées sur son veston, croisa les jambes et lâcha avec humeur :

« Vraiment…, vraiment, elle exagère ! Elle m'avait demandé d'être ici à 16 h 30 précises, car elle répétait après… Édith va trop loin, Marguerite, trop loin ! Si elle s'imagine que je ferai ses quatre volontés, que j'accepterai ses caprices et ses désordres, elle se trompe. Si d'ici vingt minutes elle n'est pas debout, je m'en vais. »

Le regard subitement épouvanté par une telle menace, Marguerite Monnot posa sa main potelée sur le bras de Coquatrix.

« Calmez-vous, Bruno, supplia-t-elle. Édith est comme ça, un peu énervante, mais elle vous aime tant.

— Moi aussi, je l'aime, tout le monde l'aime et elle en profite, gronda Coquatrix en faisant tomber un nouveau nuage de cendres sur son veston.

— Je vais demander à Christiane qu'elle nous prépare du thé, proposa Marguerite. Ça nous détendra. »

Elle venait à peine de quitter le salon, quand la sonnerie de l'entrée retentit : c'était un petit coup de sonnette bref, presque furtif. Il y eut ensuite le bruit léger d'une porte que l'on refermait avec douceur, puis quelques murmures dans le vestibule. Enfin, accompagné de Marguerite, un homme joufflu, au regard infiniment doux, fit son entrée. Lui aussi était un habitué, car il se déplaçait dans l'obscurité avec une dextérité surprenante. Il me salua d'un aimable sourire, serra la main de Coquatrix et vint s'asseoir tout au bord du fauteuil voisin du mien.

Il toussa un peu pour s'éclaircir la voix, en portant poliment la main devant sa bouche, voulut parler, se ravisa, resta muet.

« C'est quand même exaspérant de perdre son temps comme ça ! dit Coquatrix en consultant une fois de plus la montre qui étincelait à son poignet.

— Il faut l'excuser, Bruno, nous avons répété très tard cette nuit, murmura Chauvigny.

— C'est-à-dire ?...

— Oh ! je l'ai accompagnée jusqu'à 6 heures du matin ! J'étais abruti de sommeil. Mais enfin, actuellement, Édith a déjà huit chansons de prêtes sur quatorze. »

Après s'être mordillé les lèvres, Coquatrix dit d'une voix où perçait une réelle angoisse :

« Je suis certain qu'Édith sera formidable le soir de la première. Comme d'habitude. Mais c'est *après* qui m'inquiète. Tiendra-t-elle le coup ? »

En baissant les yeux, n'osant regarder personne, Marguerite demanda :

« Est-ce qu'elle se gave toujours de médicaments, Robert ?

— Franchement, je n'en sais rien, Marguerite, soupira Chauvigny. Hier, par exemple, je ne le pense pas. Elle a répété sans interruption à partir de 19 heures, jusqu'à ce matin, sans flancher.

— Si elle reprend ses drogues, c'est la catastrophe »,
lâcha Coquatrix.

La porte du salon s'ouvrit de nouveau. Aussitôt nos
regards convergèrent vers elle, mais nos espoirs furent
déçus. Ce n'était que Christiane qui entrait en tenant
un plateau avec des piles de tasses et une théière.

D'une voix presque plaintive, Chauvigny suggéra :
« Et si nous allumions au moins le lampadaire ?

— Vous êtes fou, Robert ! sursauta Marguerite, si
Édith arrive, elle sera furieuse.

— Allumez, allumez, Robert, trancha Coquatrix,
nous éteindrons dès qu'elle apparaîtra. »

Chauvigny se leva et alluma un lampadaire de fer,
particulièrement hideux, qui distribua une maigre
lumière jaunâtre.

Un tableau très abstrait et rectangulaire, représentant des stries bleu et crème qui partaient en tous
sens, apparut, planté au-dessus du divan. Il attira mon
attention. Je ne comprenais pas ce qu'il représentait,
mais je réalisai rapidement que je n'étais pas seul dans
l'embarras. Chauvigny, qui venait de saisir la tasse de
thé que lui avait préparée Marguerite, le fixait également en hochant sa bonne tête ronde.

« Je suis persuadé, dit-il enfin après avoir avalé une
gorgée, qu'il devrait être accroché en hauteur.

— Ce n'est pas sûr, hésita Coquatrix, en se dévis-
sant le cou pour le regarder. Je pense que c'est en largeur, tel qu'il est, qu'il trouve toute sa signification.

— Bien sûr, acquiesça Marguerite, mais quelle
signification, Bruno ? »

Coquatrix s'apprêtait à répondre lorsque, une fois
de plus, la porte du salon s'ouvrit. Assez grand, les
cheveux frisottés, le trench-coat grand ouvert, un
homme s'approcha de nous à grandes enjambées nerveuses. Son visage exprimait une très vive contrariété

et quelques tics légers l'obligeaient à cligner des yeux. Il salua tout le monde rapidement, se laissa tomber sur le divan, près de Coquatrix, puis se tournant vers moi, se présenta : Louis Barrier, imprésario de Piaf. Je me présentai à mon tour.

« Mon petit vieux, me dit-il, je ne crois pas que vous verrez Édith aujourd'hui. Toutes ces personnes l'attendent et ont des questions importantes à régler avec elle. Écoutez-moi, vous feriez mieux de revenir.

— Oh ! vous savez, j'attends depuis sept heures et je n'en suis plus à une heure près !

— Comme vous voudrez, mon petit vieux, mais vous attendez pour rien. »

À partir de 19 heures, il y eut une procession de nouveaux arrivants : un compositeur canadien, Léveillé, au regard tourmenté et aux joues creuses ; l'auteur Michel Rivegauche, dont la moustache noire contrastait singulièrement avec le visage d'une excessive pâleur ; puis une chanteuse blonde, Germaine, que Piaf avait convoquée pour une audition. Enfin, vers 20 heures, le veston déformé par deux gros sacs bourrés de caméras, apparut Hugues Vassal, le photographe du journal, avec qui je faisais équipe. Les cheveux tombant sur ses sourcils, roulant des yeux effarés, il se dirigea vers moi en me saluant d'un petit signe de tête.

« Je suis vachement en retard. Excuse-moi, me glissa-t-il.

— Aucune importance, vieux, la vedette repose encore », murmurai-je du coin des lèvres.

L'attente continua. Certains la supportaient, vautrés dans le divan et les fauteuils, d'autres accroupis par terre. J'en faisais partie, ayant cédé ma place à la chanteuse. Vers 21 heures, nous gisions tous, accablés, hébétés, résignés et silencieux, quand la porte du salon s'ouvrit toute grande.

À petits pas hésitants, vêtue d'une robe de chambre bleu pâle passablement tachée, d'où dépassait une chemise de nuit froissée, les cheveux roux et rares, en désordre, le teint orangé, les traits bouffis, le regard inexpressif, traînant des pantoufles à pompons comme des boulets, les bras pendant le long du corps, la vedette traversa le salon. Sans un sourire, sans un mot. En reniflant. Puis elle s'assit avec des précautions de vieille chatte sur le divan. Nous nous étions tous levés. Ce fut ainsi que m'apparut Édith Piaf.

Elle croisa ses mains sur ses genoux. Elle nous parcourut d'un regard presque hostile, baissa les paupières, soupira profondément avec force pour qu'on l'entende bien. Ses yeux se levèrent et nous repassèrent en revue, nous qui étions figés avec nos sourires. Enfin, elle dit :

« Vous avez l'air de glands, debout comme ça. Eh bien, quoi ? Vous êtes muets ? Vous ne savez plus dire "bonjour" ? Vous êtes tous malhonnêtes ? »

C'était la première fois que j'entendais sa voix. Chaude et captivante, vibrante et dénuée de vulgarité. Dits par elle, les mots crus se dépouillaient de leur grossièreté. Le temps m'apprendrait qu'elle pouvait tout se permettre sans jamais offusquer : choquer sans doute, mais jamais scandaliser.

Avec ces gestes précautionneux, presque craintifs, que l'on adopte pour frôler des objets extrêmement friables, ses amis s'empressèrent de l'embrasser, trois fois, comme à la campagne. J'avais bredouillé mon nom, mais Piaf n'y prêta pas attention. Son regard bleu pâle, transparent, se posa sur moi un bref moment, puis elle cala son menton entre ses mains. Ses doigts, collés les uns aux autres, très fins, étaient d'une blancheur surprenante, à croire que le sang ne parvenait pas jusqu'à eux. À la hauteur du poignet droit, sa main s'incurvait sèchement, tordue par les rhumatismes.

Édith demeurait silencieuse, comme absente, la respiration saccadée, les yeux mi-clos. Personne n'osait parler. Un silence pénible nous opprimait.

Dans mon coin, ignoré de tous, tapi dans la pénombre, j'observais. Et ce que je voyais me confirmait dans mes opinions antérieures. Sans l'avoir jamais vue, ne la connaissant qu'à travers les récits des uns et les articles des autres, je n'aimais pas Piaf : cette femme de quarante-six ans évoquait pour moi un monde malsain, un monde sans joie.

Je ne la quittais pas des yeux. Sa robe de chambre maculée, ses mules déformées, son visage abîmé, décharné, flétri, son corps grêle, usé, brisé, m'inspiraient une vive répulsion. C'était un être vaincu, déchu, par des férias d'excès et de désordres. À son sujet, me rappelai-je, on chuchotait les mots maudits : alcool, drogue.

« Comment vous sentez-vous, Édith ? » risqua enfin Coquatrix.

Elle eut un haussement d'épaules, mais ne dit rien. Sa main glissa jusqu'à la poche de sa robe de chambre et en sortit un tube de vaseline. Avec des gestes malhabiles, elle s'en injecta dans les narines.

De nouveau, le silence. Je regardais ces gens qui l'entouraient sans oser parler ni bouger, qui paraissaient totalement assujettis à elle. Piaf redressa la tête, et d'une voix faible, comme si elle avait espéré ne pas être entendue, elle dit :

« Je ne chanterai pas en octobre à l'Olympia. Je vous demande pardon à tous, mais je suis sans forces... une loque. »

Aussitôt, pour échapper aux questions, elle se pencha vers la table chinoise, saisit sa tasse de thé à pleines mains et la porta en tremblant jusqu'à ses lèvres. Ceux qui l'entouraient échangèrent alors des regards consternés. Ainsi, ce que l'on chuchotait dans les coulisses depuis des mois se révélait exact : Édith Piaf était finie, était perdue corps et biens, emportée par les tourmentes de son existence.

Depuis un an, elle oscillait entre la vie et la mort. Depuis un an, son état de santé se dégradait pitoyablement. Chacune des tournées qu'elle avait entreprises depuis l'hiver précédent s'était achevée tragiquement. Sur scène, brutalement, sa voix se brisait, son regard se brouillait, elle titubait, à bout de résistance. Le rideau tombait.

On la transportait jusqu'à sa loge où on l'allongeait sur un divan. Invariablement le médecin de service s'avouait impuissant. Des paupières mi-closes, des larmes s'échappaient et glissaient sur le visage crayeux. Figée, Piaf n'entendait pas les mots consolants qu'on lui prodiguait. Elle était inconsciente. Le diagnostic était invariable : coma hépatique. Alors, c'était la course folle vers Paris, vers la clinique de l'ultime espoir où tout était mis en œuvre pour maintenir en vie ce corps qui appartenait déjà à la mort.

Chaque fois, lorsque tout paraissait fini, Piaf ressuscitait. Mais pouvait-on vraiment appeler vivante cette femme terrassée, prostrée et sans âme ? De déclin en

21

déclin, elle s'approchait chaque fois de l'agonie, et elle en était consciente, de même qu'elle était consciente de l'abandon dans lequel elle se trouvait. À part le dernier rempart des amis irréductibles, plus personne ne venait la voir, car plus personne n'avait rien à attendre d'elle... Ils n'étaient plus qu'une poignée de fidèles à monter une macabre veillée funèbre auprès d'un cœur qui respirait encore.

Dans un dernier sursaut d'orgueil, en ce début d'octobre 1960, Piaf avait voulu effectuer sa rentrée à l'Olympia. Excepté Coquatrix, qui se débattait dans une situation financière scabreuse et qui voyait en elle une planche de salut providentielle, personne ne croyait Piaf capable d'affronter un tour de chant d'une heure. Pourtant, Marguerite Monnot et Michel Rive-gauche lui avaient composé treize chansons ; pourtant, Robert Chauvigny venait régulièrement la faire répéter au piano.

Au début, sa voix avait retrouvé une partie de sa puissance, de sa chaleur. Mais en peu de jours, il avait fallu se rendre à l'évidence : elle n'avait plus de résistance. Même le court trajet de sa chambre au salon – une vingtaine de mètres à peine – l'épuisait.

Édith s'appuyait au piano, le front moite de sueur, le souffle court. Elle restait ainsi, les yeux fermés, tendue et frémissante, comme si elle cherchait à retenir désespérément ses forces qui l'abandonnaient. Enfin, elle disait à Chauvigny :

« Ça va. Allons-y. »

Ce soir-là, Piaf capitula. Elle avait reposé sa tasse, puis elle avait caché son visage entre ses mains. Édith avait pleuré, silencieuse, comme si elle craignait de nous importuner. Il ne subsistait plus rien de sa truculence. Marguerite Monnot et Louis Barrier s'étaient approchés d'elle. Marguerite l'avait prise dans ses bras ; Barrier lui caressait une main en lui répétant ces mots qu'il avait dû prononcer des milliers de fois depuis dix-sept ans que durait leur association : « Ne vous inquiétez pas, Édith. Vous verrez que vous remonterez la pente une fois de plus. Comme toujours… » Mais Piaf hochait la tête, ainsi que le font les enfants malheureux, et elle lui répondait dans un murmure : « Pas cette fois-ci, Loulou, pas cette fois-ci. C'est fichu, je le sais bien. »

Nous étions demeurés toutes ces longues minutes pénibles, immobiles, perdus chacun dans des pensées diverses, quand Piaf leva la tête et demanda :

« Marguerite, aide-moi à aller dans ma chambre. »

Sans un regard pour nous, elle s'était mise debout avec peine, et d'une démarche incertaine avait quitté le salon, cramponnée au bras de la compositrice.

« Mon pauvre Bruno, lâcha Barrier, il ne vous reste plus qu'à suspendre votre location et rembourser les places.

— J'en ai bien peur », soupira Coquatrix en se levant et en secouant avec lassitude les cendres qui maculaient son veston. « Bien. Il ne me reste plus qu'à aller me coucher. »

Coquatrix avait du mal à camoufler son désarroi. Depuis un certain temps, les recettes de son music-hall, désastreuses, le préoccupaient tellement que l'infarctus le guettait. Une seule personne pouvait le sauver : Piaf. Sa rentrée à l'Olympia lui aurait évité le naufrage financier qui le menaçait. Coquatrix avait donc misé sur elle et, maintenant qu'il avait appris de sa bouche son renoncement, il se sentait anéanti. Debout, il porta la main à son cœur, comme pour s'assurer qu'il battait bien encore. Enfin, d'un pas lourd, il se dirigea à son tour vers la porte du salon qui communiquait avec l'entrée. Barrier, qui ostensiblement souhaitait s'entretenir avec lui en tête à tête, le suivit.

Nous n'étions plus que Rivegauche, Vassal et moi, dans le salon. Je m'apprêtais à partir, lorsque Marguerite Monnot revint. Elle avait les yeux rougis.

« Comment va-t-elle ? s'inquiéta Rivegauche.

— Jamais je n'ai vu Édith aussi mal.

— Est-ce qu'elle dort, au moins ? » questionna Vassal.

Depuis quelques années, Hugues Vassal était le reporter-photographe préféré de Piaf. Elle s'était progressivement habituée à lui, parce qu'il savait la faire rire avec ses étourderies, ses mots à l'emporte-pièce et son allure pataude. Il était arrivé fréquemment, quand elle s'ennuyait au cours d'une tournée, qu'elle téléphonât au directeur du journal, lui enjoignant d'envoyer Vassal la rejoindre. Elle éprouvait pour lui une réelle affection, ce qui n'excluait pas, parfois, qu'elle l'insultât abondamment parce qu'il l'avait photographiée, à son insu, dans une chambre de clinique, ou évanouie dans sa loge. Mais c'étaient des brouilles passagères, des insultes pour le principe, car les photos clandestines de Vassal lui assuraient une publicité efficace.

« Elle dort, Hugues, répondit Marguerite Monnot, mais elle a encore avalé une poignée de ces cochonneries de tranquillisants qui l'abrutissent. Ne protestez pas, je n'ai pu l'en empêcher. J'ai eu beau lui expliquer qu'elle se tuait en avalant ces drogues, vous connaissez Édith : rien ne peut la raisonner.

— Et demain, à son réveil, elle absorbera une poignée d'excitants pour trouver un semblant de lucidité », grogna Rivegauche.

24

Il était 2 heures du matin. Je m'étais levé, imité par Vassal. Après avoir pris congé de Monnot et de Rive-gauche, après avoir salué Coquatrix et Barrier, qui chuchotaient toujours dans l'entrée et nous avaient accordé un signe de tête, nous étions sortis. Sur le trottoir du boulevard Lannes, Hugues me dit :

« On se retrouve ici, cet après-midi, à la même heure.

— Sans prendre rendez-vous ?

— Pas la peine, vieux. Et puis, si vraiment elle est sur le point de s'écrouler, on ne doit plus la lâcher un seul jour. Il faut qu'on soit chez elle en sentinelle. Tu comprends, j'ai déjà raté son transport à la clinique de Meudon, au printemps dernier, je ne voudrais pas louper le prochain. »

Ce reportage manqué, Vassal l'avait toujours en travers de la gorge. Piaf se trouvait en tournée dans le nord de la France. À Douai, elle avait terminé son tour de chant de justesse ; à Maubeuge, elle s'était effondrée sur scène ; à Saint-Quentin, elle était ressuscitée, devant un parterre accouru de Paris pour la voir expirer devant le micro. Dans la voiture qui la ramenait de nuit boulevard Lannes, Édith s'était rencoignée, sans desserrer les dents. Elle venait à peine de mettre les pieds dans l'entrée, lorsqu'un coma hépatique la foudroya. Il était 6 heures du matin et il faisait encore nuit. La prenant dans ses bras, enroulée dans une cou-verture, son chauffeur la déposa à l'arrière de la DS et fonça vers Meudon, suivi des voitures de Barrier et Coquatrix. Photographiquement, c'était un reportage qui n'avait pas de prix. Mais Vassal n'était pas là. Il dormait rue Saint-Dizier, dans une caserne de l'armée de l'air.

Il effectuait, à vingt-quatre ans, son service militaire, mais se débrouillait admirablement pour échapper presque chaque soir à l'aviation et atterrir chez Piaf ! Malheureusement pour lui, en cette triste aube de printemps il était absent. Et il ne s'en remettait pas.

Lorsque l'après-midi, je me retrouvai, comme convenu, boulevard Lannes, Danielle, la secrétaire, me prévint sur le pas de la porte :

« Édith est au salon avec un compositeur et un auteur. Cela risque d'être long. Vous devriez passer à la cuisine. Hugues Vassal vous y attend, en compagnie de Marguerite Monnot, de Barrier et d'Aznavour, qui est passé aux nouvelles.

— Elle va mieux ? » demandai-je poliment en posant mon imperméable sur l'une des deux banquettes recouvertes de soie pâle, dans l'entrée.

« Non. Elle est morte de fatigue, et d'une humeur de dogue. »

Piaf ne connaissait pas Charles Dumont. Le compositeur avait créé des chansons pour Tino Rossi, Luis Mariano, Sacha Distel, Gloria Lasso, Maria Candido, mais Piaf l'ignorait. Elle ne l'avait croisé sur sa route que trois fois, très rapidement, très indifférente, alors qu'il venait lui proposer ses chansons. Chaque fois elle les lui avait refusées en bloc.

C'est Michel Vaucaire, le parolier, qui avait insisté pour obtenir un rendez-vous et qui avait traîné Dumont, avec qui il avait coutume de travailler, boulevard Lannes.

« On perd notre temps ! avait bougonné Charles de sa voix nasillarde. Ta Piaf ne peut pas me piffer. »

Il avait raison. Édith éprouvait une véritable aversion à l'encontre du compositeur, à qui elle reprochait des joues trop pleines, des paupières boursouflées, un début d'embonpoint, à trente et un ans. Quand elle avait su que Danielle avait accepté un rendez-vous avec Dumont, sans l'en avertir, elle avait réussi, malgré son épuisement, à se mettre en colère :
« Il me colle le bourdon !»

Charles Dumont et Michel Vaucaire attendaient donc, depuis une heure, debout dans le salon, mal à l'aise, que Piaf voulût bien apparaître. Enfin, elle fit son entrée. À petits pas méticuleux, posant ses pieds juste l'un devant l'autre, comme si elle comptait mesurer la pièce, elle se dirigea sans les regarder vers le piano, puis s'y accouda. Édith portait sa robe de chambre bleue, chiffonnée et tachée, ses mules usées ; elle avait caché ses cheveux sous un bonnet de bain de caoutchouc, avec des franges roses. Elle avait aussi sa petite bouche pincée des mauvais jours.

« Comme vous pouvez le constater, lâcha-t-elle d'un ton pointu, je suis extrêmement fatiguée. Dépêchez-vous : une chanson seulement. Allez ! Au piano. »

L'accueil n'était pas chaleureux, mais Vaucaire acquiesça de la tête en souriant. Dumont, en trois enjambées, se retrouva devant le clavier. Il était à la fois malade de trac et furieux. Charles ne pouvait poser ses yeux sur Piaf sans éprouver, aussitôt, un réel malaise à la vue de cette femme décharnée, négligée, qui dégageait de tout son être une odeur de maladie et de mort. Il joua. Ses doigts glissaient sur les touches, en tremblant, et Dumont ânonna, de sa voix voilée, la chanson qu'il avait composée avec Vaucaire. Quand il eut fini, un long silence suivit, tout au long duquel il attendit le verdict.

27

« Voulez-vous la rejouer ? » demanda Piaf sur un ton tranchant qui n'admettait pas de réplique.

De plus en plus mal dans sa peau, la chemise collée par la sueur, la voix chevrotante, Dumont s'exécuta. Il en était à peine à la moitié quand Piaf l'interrompit et dit simplement :

« Formidable ! »

Elle se traîna jusqu'au divan où elle se laissa tomber lourdement. Du piano, Dumont contemplait, subjugué et horrifié, son visage à la peau tellement blanche qu'elle en paraissait diaphane, ses yeux bleus délavés par les veilles, son corps usé. Il eut l'impression d'avoir chanté pour une agonisante.

« Quel est le titre de cette chanson ? demanda Piaf.

— *Je ne regrette rien,* Édith, s'empressa de répondre Vaucaire.

— Formidable !… Absolument formidable ! » répétait Piaf, qui ajouta avec une autorité retrouvée : « Je la veux pour mon prochain tour de chant.

— Mais bien sûr, Édith, elle est à vous », dit Vaucaire, ravi.

Toujours assis au piano, Charles Dumont se demandait comment elle parviendrait à la chanter. Il lui paraissait impossible que cette femme squelettique, cette moribonde en sursis, pût chanter encore, un jour.

« Michel, ordonna Piaf, allez chercher Guitte à la cuisine : il faut qu'elle l'entende. »

Vaucaire s'exécuta. Peu après, il était de retour avec Marguerite Monnot. Celle-ci marcha rapidement jusqu'à Piaf, qu'elle embrassa avec effusion.

« Écoute ça, Guitte, dit Édith en se dégageant. Charles, recommencez, s'il vous plaît. »

Dumont rejoua et chanta encore. Et Marguerite Monnot, à la fin, applaudit en poussant des petits cris enthousiastes, selon son habitude ; Barrier, appelé lui aussi, vint et Dumont recommença à jouer et à chanter. Barrier également s'extasia. Après lui, Piaf fit venir, les uns après les autres, Claude Figus, un garçon de vingt-six ans qui lui servait d'homme à tout faire ; sa secrétaire, Danielle, et son mari, Marcel, trapu et onctueux, qui l'accompagnait à l'accordéon ; vinrent encore Christiane et sa mère, Suzanne, puis Robert Chauvigny et enfin Suzanne Flon qui, dans le passé, avait été sa secrétaire. Pour chaque nouvel arrivant, Dumont dut jouer et chanter. L'approbation fut collective : tous et toutes furent enthousiasmés par la chanson. Cela n'empêchait pas Dumont de penser qu'au cours de ce défilé, il se présenterait bien quelqu'un pour démolir et sa musique et les paroles de Vaucaire. Le démolisseur vint. Il s'appelait Claude Berri, un cinéaste. Dès que Dumont eut fini de jouer, il ne cacha pas son scepticisme :

« C'est pas mal, mais ça ne marchera jamais, Édith…

— Tu n'es qu'un petit con ! coupa Piaf. Tu n'y comprends rien : ce sera un grand succès. »

Le temps avait filé. Il était alors plus de 22 heures. Dumont avait faim, soif et envie de fuir tout ce monde. Il réussit à s'esquiver, malgré les protestations de Piaf qui voulait le garder pour souper, mais il en avait vraiment assez. Sa chanson lui sortait par les oreilles, lui soulevait le cœur. Et puis, il avait hâte d'aller annoncer à sa femme que Piaf, sur le pas de la porte où elle avait tenu à l'accompagner, lui avait glissé à l'oreille :

« Votre chanson, je la chanterai, Charles. Faites-moi confiance. »

Elle lui avait tendu alors la main pour la première fois. Et Dumont crut tenir entre ses doigts une main d'enfant.

Dans sa voiture – une Simca qui lui donnait du fil à retordre à cause de son âge –, Dumont se mit à espérer. Il s'encourageait en se disant que, bien que mal en point, Piaf, dans un sursaut d'énergie, peut-être le dernier, pouvait avoir encore la force d'enregistrer *Je ne regrette rien.* Ce disque, à lui seul, pouvait bâtir la fortune d'un compositeur et d'un auteur...

Ce fut une bien belle soirée que Charles Dumont et son épouse Janine passèrent le 5 octobre. Une soirée au cours de laquelle ils sablèrent une bouteille de champagne que Charles avait achetée sur le chemin du retour, pour fêter ses débuts dans la « cour » de Piaf.

À 3 heures du matin, le téléphone sonna. En tâtonnant dans le noir, la bouche pâteuse, Dumont décrocha. À l'autre bout du fil, une voix bien réveillée et joyeuse annonça :

« Ici Claude Figus, le secrétaire de Mme Piaf.

— Et alors ? grogna Dumont.

— Édith désire vous voir tout de suite. Dépêchez-vous ! »

Dumont n'eut pas le temps de protester, car Figus avait déjà raccroché. Avec des gestes de somnambule, Charles s'habilla. Au moment où il quittait la chambre, Janine lui dit simplement :

« Ne rentre pas trop tard, Charles, si tu le peux.

— Ne t'inquiète pas. Le temps de lui dire ce que je pense d'elle, ça ne va pas traîner. »

Pendant quelques minutes, sa voiture refusa de démarrer ; ce contretemps l'exaspéra. Il faisait froid et Dumont frissonnait. Tout en conduisant, il ruminait ce qu'il pourrait dire d'offensant à Piaf.

Parvenu devant le 67 du boulevard Lannes, Dumont freina sec. Le temps de verrouiller sa voiture, il s'engouffra sous la large porte cochère. Il sonna, on lui ouvrit, il fonça dans le salon. Dumont n'eut pas le temps d'ouvrir la bouche. Assise dans son divan, le regard brillant, Piaf lui demanda avec un sourire désarmant de gentillesse :

« Charles, merci d'être venu. Mais je voulais à tout prix que Bruno Coquatrix entende votre chanson.

— Bien sûr, ça ne pouvait pas attendre, répondit Dumont sur un ton qu'il voulait bourru.

— Ne soyez pas de mauvais poil, Charles. Vous savez, grâce à votre chanson, je vais faire ma rentrée à l'*Olympia*. Bruno vous doit une fière chandelle...

— Ah ça ! mon cher Dumont, s'exclama Coquatrix, si vous m'amenez Édith à l'Olympia, je ne l'oublierai jamais. Non. Jamais ! »

Amadoué, Dumont se dirigea vers le piano ; de nouveau, il interpréta *Je ne regrette rien* et, bien entendu, Coquatrix fut également conquis. Le temps d'échanger quelques compliments, un jeune publiciste, Claude Davy, arriva ; pour lui, Dumont rejoua. Il commençait à craindre que la nuit ne se déroulât comme l'après-midi, au piano, à recommencer immuablement le même air, les mêmes paroles, lorsque Piaf lui demanda avec une voix passionnée :

« Auriez-vous une autre chanson ?

— Oui, mais je ne sais pas si elle vous conviendra.

— Je vous écoute, Charles... Enfin, nous vous écoutons. »

Il joua et chanta encore. À la fin, après avoir réfléchi un court moment, au cours duquel personne ne se risqua à émettre un avis, Piaf dit :

« La musique est très belle, mais les paroles sont impossibles. Quel est le titre de la chanson ?

— *Toulon-Le Havre-Anvers.*

— Grotesque, fit Piaf avec un geste d'humeur. Complètement ridicule et crétin. Qui a écrit ça ?

— Michel Vaucaire.

— Bon. Je vais lui parler, décida Piaf. Danielle, appelle-moi Vaucaire. »

Danielle somnolait dans un coin du salon, plongée dans l'ombre. Elle se dressa pourtant d'un bloc.

« Vous savez, Édith, signala-t-elle, il est 4 heures et demie. Vaucaire doit sans doute dormir…

— Est-ce que je dors, moi ? Fais ce que je t'ordonne. »

Michel Vaucaire n'eut rien à dire lorsqu'il eut Piaf au téléphone. Il n'eut qu'à écouter ce qu'elle lui débitait sur un ton d'ultimatum :

« Voilà Michel, c'est très simple : ou bien vous me fabriquez de nouvelles paroles, qui signifient quelque chose, et vous me les apportez cet après-midi, à 5 heures tapantes ; ou alors je renonce à votre chanson. Allez, mettez-vous au travail. Bonne nuit. »

Quand Édith eut raccroché, elle se mit debout, se tourna vers nous et décréta :

« Tout le monde à la cuisine. On va manger un morceau. Charles, donnez-moi le bras et aidez-moi à marcher. »

À son pas, la petite procession se mit en route. Suzanne et Christiane nous attendaient à la cuisine. La mère et la fille étaient blanches comme des linges ; elles tombaient de sommeil, mais ne bronchaient pas. Elles étaient au service de Piaf depuis plusieurs années, et étaient soumises à ses horaires. Toutes deux acceptaient de toucher leurs gages quand Piaf s'en souvenait, quand elle en avait les moyens. Pendant les périodes de crise financière aiguë, il arrivait même que ce fût Suzanne qui payât les commerçants avec ses économies.

La nuit s'acheva à 7 heures du matin. En la quittant, tout le monde fut émerveillé de la métamorphose qui s'était opérée en si peu de temps chez Piaf. Sur le trottoir, tandis que les éboueurs charriaient les poubelles, Claude Davy dit :

« Vous verrez, cette fois-ci encore Piaf s'en tirera et elle fera une rentrée fracassante.

— Dieu vous écoute ! » pria Coquatrix en portant la main à son cœur.

Ponctuel comme une traite, Michel Vaucaire débarqua au salon à 17 heures. Son visage, habituellement rose et poupin, avait pris une teinte blanchâtre et ses yeux étaient boursouflés par le manque de sommeil. Assise sur le divan, avec Marguerite et Claude Figus, Piaf attendait.

« C'est fait ? demanda-t-elle.

— C'est fait », soupira Vaucaire.

Il tendit une feuille à Dumont, qui prit le chemin du piano. Il joua et chanta. Et quand il se tut, Piaf, le visage rayonnant, applaudit : la chanson de marine *Toulon-Le Havre-Anvers* était devenue *Mon Dieu*.

Piaf se tourna alors vers Marguerite Monnot.

« Guitte, tu sais que je t'adore, lui dit-elle avec un sourire contrit. Ne m'en veux pas, mais je vais t'enlever deux chansons de mon tour de chant et les remplacer par *Je ne regrette rien* et *Mon Dieu*. Il y avait longtemps que je cherchais deux succès pareils, car tu le sais, ce seront des succès. Je le sens.

— Mais oui, Édith, bien sûr », approuva Marguerite en se penchant vers elle pour l'embrasser.

Délibérément, Piaf détourna son regard pour ne pas voir la tristesse qui avait voilé les yeux de son amie –

amie qui lui avait composé, entre autres : *Mon légion-naire, Hymne à l'amour, Les Amants d'un jour* et *Milord.* Marguerite Monnot, qui avait été toujours à ses côtés quand la maladie la terrassait ou quand le mal d'amour la tourmentait, n'était pas au bout de ses déceptions. L'une après l'autre, onze de ses chansons disparurent du répertoire de Piaf et furent remplacées par celles de Dumont. Je découvrais alors que, même dans l'ingratitude, Piaf était une souveraine.

La résurrection de Piaf allait bon train. Jour après jour, nous pouvions constater avec stupeur que ses forces, son ardeur, sa résistance, ses colères, et sa voix surtout, bref, tout ce qui paraissait perdu à jamais renaissait en elle comme par enchantement.

Une seule personne alimentait toutes les conversations de Piaf : Charles Dumont, l'homme qui possédait toutes les qualités de la terre. Du coup, la cour entière s'inclinait, déférente, devant l'élu, approuvant chaque louange, en rajoutant, encensant, couvant le nouveau sauveur. Et attendant sa chute…

La date de la rentrée de Piaf à l'Olympia avait été fixée au 29 décembre. Elle devait rester à l'affiche un mois. Avec les recettes prévues, le music-hall parisien était sauvé.

Un après-midi, un long paquet sous le bras, Dumont fit son entrée dans le salon vers 17 heures pour y demeurer jusqu'à 5 heures du matin. Dès qu'elle l'aperçut, Piaf eut un cri d'admiration :

« Bon sang ! Charles, quelle élégance ! »

Indiscutablement, Dumont portait un costume d'un joli gris, merveilleusement coupé, qui l'amincissait.

« Tu es irrésistible ! lança Claude Figus qui ne pouvait jamais demeurer silencieux après que Piaf eut parlé. Il a dû coûter une fortune…

— Je ne sais pas, avoua Dumont, gêné. C'est Coquatrix qui me l'a payé. Et il m'a même offert ce paquet de cravates, avec une dédicace écrite à l'intérieur du couvercle.

— Fais voir !» exigea Piaf en tendant la main.

Il obéit. À voix haute, elle lut : « Mon cher Charles Dumont, vous avez participé à la résurrection de l'Olympia et aussi à la mienne, permettez-moi de vous en remercier bien sincèrement. Amicalement, Bruno Coquatrix.»

« Ben, dis donc ! commenta Piaf en reposant le couvercle sur la table chinoise, tu n'arrêtes pas de faire des miracles : tu me ressuscites, tu ressuscites Bruno, tu ressuscites l'Olympia. Tu es un vrai Jésus, Charles !»

Et elle rit. C'était un rire chaleureux qui roulait dans sa gorge, communiquant son bonheur.

Piaf allait chanter dix-sept chansons : quatorze étaient de Dumont. À Marguerite Monnot, qui ne disait rien mais qui en avait gros sur le cœur, Piaf avait expliqué pour se justifier :

« Comprends, Guitte, Charles est à la base de ma guérison. Sans lui, je n'aurais pas eu la volonté de m'en sortir. Alors, la moindre des choses c'est que je lui fasse un nom, que je le rende célèbre.»

Ce qu'elle disait était en partie vrai. Mais Piaf n'avait pas tout révélé. Elle n'avait pas avoué à Marguerite que, jusqu'à l'arrivée de Dumont, sa vie affective était devenue un désert depuis qu'elle avait rompu avec un jeune peintre américain, Doug Davis ; celui-ci avait fait d'elle des portraits tendres qui figuraient sur ses pochettes de disques. Doug était un garçon brun et gentil, trop gentil, qu'elle avait malmené jusqu'au jour où il avait pris le large pour se refaire une santé.

Maintenant, c'était au tour de Dumont. En cette période de sa vie, les relations sentimentales de Piaf n'étaient pas celles de tout le monde. Elle n'exigeait de l'homme qu'elle aimait que sa présence, dès son réveil jusqu'à son coucher – et rien de plus. Physiquement, médicalement, elle ne pouvait rien demander de plus à la vie. Seulement, il fallait que l'élu fût là, ponctuel, aux petits soins, qu'il acceptât la tyrannie affective de Piaf, ses lubies et ses manies.

En réalité, l'amour que Piaf témoigna aux hommes était davantage un sentiment bien plus proche de l'admiration que de la tendresse. Il fallait que celui qui se tenait près d'elle l'éblouît, s'il voulait durer.

Depuis ma première rencontre avec Vassal, nous ne quittions quasiment plus le rez-de-chaussée du boulevard Lannes. Nous arrivions en même temps que Dumont, nous repartions avec lui. Parfois, vers 5 ou 6 heures du matin, il nous arrivait d'aller avaler un steak avant de regagner nos lits.

Nous hallucinions tous un peu. Piaf, en ressuscitant, nous tuait à petit feu. Un matin, alors que nous nous retrouvions comme d'habitude sur le trottoir, Dumont nous dit :

« Édith est un poste récepteur et nous des postes émetteurs. Elle vide nos batteries, elle nous prend toutes nos énergies. Je suis vanné. »

D'autres, avant lui, avaient enduré les mêmes fatigues, tous ceux à qui Édith accorda sa tendresse et qu'elle voulut rendre célèbres.

Ce n'était pas une mince affaire que d'être sélectionné par Mme Piaf. Ce choix, dans une mêlée grouillante de soupirants, impliquait qu'Édith pût flairer chez le candidat un génie sous-jacent. Si certaines femmes, quand elles jaugent un homme, l'imaginent dans un lit, Édith, elle, se le représentait sur scène. Il ne devait pas la décevoir dans les ambitions qu'elle avait misées sur lui : s'il était chanteur, il était condamné à devenir une vedette ; s'il était compositeur, il était contraint à écrire des succès ; s'il était un sportif, il devait s'imposer comme champion. Il fallait qu'il la subjuguât d'abord. Seulement après, elle était prête à l'idolâtrer.

Cet amour n'était pas de tout repos. Édith était exigeante, accaparante, dure. Ce fut de cette manière, à force d'éperonner et de stimuler, qu'elle parvint à extraire de chaque homme qu'elle admira ce qu'il avait de mieux en lui, qu'il n'avait su exprimer avant elle. L'affection fut le prétexte, inconscient sans doute, pour maintenir son compagnon à portée de voix, afin de le conserver dans un climat constant de créativité. Je crois que les mots d'amour, Édith les chanta plus qu'elle ne les prononça dans sa vie.

Bien entendu, les amis devaient l'épauler dans cette œuvre, faire chorus avec elle, regonfler le moral parfois défaillant du prince consort. C'est pourquoi nous aussi étions vannés, comme Dumont.

Les dépressions nerveuses nous guettaient au tournant d'une nuit. Seule Piaf encaissait sans sourciller le rythme de vie qu'elle imposait à sa maisonnée. À 17 heures, elle se levait. Après avoir bu deux tasses de thé préparé à l'eau d'Évian, que Christiane lui apportait, après s'être renseignée si tout son monde l'attendait au grand complet au salon, elle absorbait ses cachets pour se mettre en forme et se levait. Hirsute, sans maquillage, toujours enveloppée dans sa robe de chambre bleue, elle nous rejoignait enfin.

Christiane arrivait portant la théière et la tasse sur un plateau, qu'elle posait avec difficulté sur la table basse encombrée des verres, des bouteilles et des restes de sandwiches que la « cour » consommait en abondance, pour calmer l'attente. Toujours le premier, Claude Figus, qui vivait dans une chambre indépendante de l'appartement, bondissait vers Édith. Il l'embrassait trois fois, et elle se laissait faire ; il la soutenait jusqu'au divan. C'était ensuite au tour de Dumont d'appliquer les trois baisers rituels ; puis venaient les autres.

Selon qu'elle se fût réveillée de bonne ou mauvaise humeur, pendant la cérémonie des baisers Piaf tenait les yeux rivés au plafond ou souriait ; soit qu'elle parlât sans interruption, ou alors se momifiât dans son coin, avec une moue méprisante pour tout le monde. Cela pouvait durer une heure. Et puis, brusquement, ou bien elle stoppait les conversations d'un geste, ou alors elle se secouait de sa torpeur. Alors, elle se mettait debout et marchait jusqu'au piano. La répétition commençait. Robert Chauvigny, qui venait de tomber assez gravement malade, avait été remplacé par Jacques Lesage. Elle l'avait connu, en 1959, lorsqu'il accompagnait Félix Marten, un de ses anciens « protégés ».

Pendant trois heures, sans interruption, Piaf répétait, ne laissant jamais rien au hasard : ni les jeux de scène, ni les mouvements des mains, ni les inclinaisons du cou, ni les regards. Parfois, elle s'arrêtait et disait : « Là, je ferai un pas en arrière », ou bien « Ici, je veux un projecteur tout seul, avec du blanc, cru, violent », ou encore : « Si à ce passage ils ne chialent pas tous, c'est qu'ils ont des cœurs de pierre. » Elle chantait sans jamais forcer sa voix – à part de rares fois – et pourtant, bien que ce ne fussent que des répétitions, on sentait tant de passion contenue, tant de sincérité, que nous tous, vautrés dans les fauteuils ou assis en tailleur sur la moquette, étions entraînés dans son univers.

Et puis, d'un mot, elle brisait l'enchantement. « Ça va comme ça ! décidait-elle. Maintenant on sort. Figus, réserve des places pour tous au théâtre ou au cinéma. »

Les soirées étaient un cauchemar collectif. Ainsi, Piaf avait trouvé le film italien de Monicelli, *Le Pigeon*, « fa-bu-leux » : nous le vîmes huit soirs durant ; puis il y eut la série des *Arturo Ui*, au T.N.P., qui dura six soirs de suite ; Édith voulut revoir encore deux fois *Le Pigeon* ; ensuite, il y eut la ruée au théâtre de la Huchette parce que, disait-elle, rien n'était plus beau que *Les Chaises*, de Ionesco – qu'il nous fallut admirer onze fois ! Chaque soir, Piaf sortait émerveillée, ayant remarqué un détail supplémentaire que nous commentions pendant des heures. Sa dictature n'avait pas de limites. Si par malheur quelqu'un bâillait, même discrètement, elle le chassait de la salle. Elle ne voulait plus le revoir jusqu'au lendemain soir. Pour le punir, elle l'entraînait revoir la pièce ou le film...

Après le spectacle, la « cour » s'entassait dans les voitures. Point de ralliement : la cuisine. Un nouveau supplice débutait. Parce que Édith ne buvait plus ni alcool ni vin, afin de ne pas la tenter, il n'y avait que des carafes d'eau sur la table. Toutefois, avec la complicité de Christiane, les assoiffés avaient trouvé un stratagème : ils entreposaient des bouteilles de bordeaux dans la bibliothèque où Piaf ne mettait jamais les pieds. Sous des prétextes variés, les uns après les autres, ils s'éclipsaient de table et revenaient quelques minutes plus tard, en se léchant les lèvres. Piaf, pas dupe, les traitait de « salauds ».

À table aussi, il y eut la loi des séries qu'elle nous imposa sans pitié : la longue semaine du riz à l'eau, avec du foie de veau, puis l'interminable période des coquillettes à l'eau, saupoudrées de viande hachée.

« Grâce à moi, prophétisait Piaf, d'une voix triomphante, vous aurez des foies et des estomacs remis à neuf ! »

Nous courbions tous la tête, sur nos plats de pénitence, lâchement, sans oser nous mutiner. Elle parlait. De tout. Sans arrêt. Parfois, l'un d'entre nous s'enhardissait à lui demander, patelin :

« Vous n'êtes pas fatiguée, Édith ? Il ne faut pas que vous commettiez d'imprudence...

— Je suis en pleine forme ! » répliquait-elle aussitôt.

C'était vrai. Nous avions tous des têtes de poissons morts – excepté elle qui revivait. Nous en avions la preuve, vers 2 heures du matin, quand elle annonçait triomphante :

« Allez ! Au salon. Je répète. »

Discrètement, la « cour » échangeait des coups d'œil résignés. Après quoi, en file, comme des galériens, nous retrouvions nos places quittées à peine quelques heures plus tôt. Vassal, qui eut l'impudence de dire en s'effondrant dans son fauteuil attitré : « Tiens, il est encore chaud », se fit traiter de « petit connard » et menacer d'expulsion. Il était impossible, impensable, d'abandonner son poste. Pour Piaf, cela eût équivalu à une trahison.

Mais, d'ailleurs, nous étions fiers d'appartenir à ce dernier carré qui l'escortait. Nous étions, en quelque sorte, ses grognards, sa troupe d'élite, sa garde qui allait mourir d'épuisement, sans se rendre au lit. Aucun d'entre nous n'avait plus de vie privée, de vie familiale, de vie amoureuse. Elle avait fait le vide autour de nous, déversant des torrents d'injures si, par malheur, l'un de ses moines manifestait des velléités sentimentales hors de sa zone d'influence. Édith nous avait tous enterrés dans sa tranchée, en première ligne, dans la fosse d'orchestre.

La deuxième répétition s'achevait vers 4 heures. Du matin, bien sûr. Jacques Lesage faisait pitié à voir. Il nous était apparu, la première fois, rubicond et bien en chair, solide comme un banquier. Au bout d'un mois, il affichait une expression permanente de martyr chrétien. Comme nous tous, il portait les stigmates des prisonniers du boulevard Lannes : teint terreux, yeux battus, bouche amère, sourire sans joie, geste imprécis, réflexe gourd.

Mais notre sort n'était rien en comparaison de celui de Dumont, contraint d'arriver le premier et de partir le dernier. Obligé de veiller au grain, il ne pouvait se permettre l'erreur de laisser un ennemi imprévu se faufiler dans la maison, saccager son œuvre. Marguerite Monnot en savait quelque chose.

Charles savait aussi, car Piaf le lui répétait, que dans le milieu de la chanson on assassine de bien des façons et que nombreux étaient ceux qui voulaient sa peau.

« Sais-tu ce qu'on m'a dit, Charles, à propos de tes musiques ? demandait Piaf avec une voix suave.

— Non, Édith, répondait Charles, candide.

— Qu'elles sont mauvaises. Que je suis folle de les avoir choisies. On m'a dit également que ce n'était pas

41

grave pour moi, car je pourrais chanter le Bottin, j'obtiendrais un triomphe quand même.

— J'ai du mal à croire que les gens soient aussi fumiers, ronchonnait Dumont.

— Ah oui ? Bon, je vais t'en fournir la preuve. »

D'une voix perçante, Piaf demanda à Danielle d'appeler au téléphone Norbert, un compositeur qui avait été dans le temps son accompagnateur. Dès qu'elle eut la communication, elle passa l'écouteur à Dumont :

« Norbert ? C'est Édith.

— Oh !

— Eh oui, il y a longtemps que nous ne nous sommes vus et je voulais te donner de mes nouvelles : je vais bien et je travaille pour ma rentrée. Justement, j'ai affaire à un jeune compositeur et je souhaitais connaître ton point de vue à son sujet. Il s'appelle Charles Dumont, tu le connais ?

— Oui.

— Qu'en penses-tu ?

— Rien de bien.

— Pourtant il a écrit une chanson qui a été un succès : *Lorsque Sophie dansait...*

— Dans cette chanson, il n'y a pas de musique. Ne perds pas ton temps avec lui. C'est un toquard, tu peux le lui dire de ma part.

— Ce n'est pas la peine, Norbert, il a l'écouteur et il a tout entendu. Même qu'il dit qu'il veut te casser la gueule. Méfie-toi, c'est un jeune. Et c'est méchant, les jeunes. »

Sur ces paroles, Piaf raccrocha, et dit à Dumont :

« Alors, fixé ? »

Pour que Dumont fût définitivement convaincu de ce que ses confrères pensaient de lui, chaque fois que l'un d'eux téléphonait, Piaf tendait l'écouteur à son protégé. C'est ainsi qu'il apprit que sa musique était « bonne pour les chiens », qu'Édith se « suicidait artistiquement » en interprétant ses chansons, qu'elle allait au-devant du « bide de sa vie, si elle chantait Dumont »..., et ainsi de suite. Charles était écœuré. Alors Piaf, qui avait tout fait pour le démoraliser, s'employait à le réconforter :

« Si tu veux faire carrière dans ce métier, ne tiens jamais compte de l'avis des autres : ce sont des cons, jaloux, et ils forment la majorité. Un seul jugement a de l'importance : celui du public. »

Depuis que les journaux avaient annoncé la rentrée de Piaf, le boulevard Lannes se repeuplait. Cela commença par quelques appels téléphoniques circonspects. Puis, dès que Piaf et Dumont passèrent à l'émission de Pierre Desgraupes : *Cinq Colonnes à la une,* les appels s'intensifièrent. Il y eut, ensuite, un disque enregistré chez Pathé-Marconi à cent mille exemplaires, épuisé en cinq jours : il prouva, irréfutablement, que la popularité de Piaf était intacte. Alors ce fut la ruée.

Le carillon de la porte d'entrée sonnait sans interruption, la maison fut envahie, à heures régulières, par des amis qui avaient disparu depuis bien longtemps, quand la mort rôdait. Néophyte, j'admirais leur aisance. Malgré la longue absence, ils retrouvaient d'instinct leurs habitudes d'antan, commandaient à la cuisine, se faisaient servir au salon, conversaient entre eux, téléphonaient, menaient leurs petites affaires... en attendant l'arrivée de Piaf. Parfois, certains n'avaient que le temps d'avaler quelques morceaux, puis repartaient à leurs occupations, en précisant à Danielle : « Dites bien à Édith que je suis passé. » Ceux-là appartenaient à la première fournée, celle de 15 heures. Piaf ne les vit jamais ou presque : elle dormait.

La seconde vague arrivait vers 18 heures et restait jusqu'à 20 heures environ. Elle était relevée, discrètement, par des arrivages épars, qui dépassaient rarement le cap de 22 heures. C'était une foule plus discrète, recueillie, qui écoutait, l'air compétent, en buvant du whisky, les dernières chansons que Piaf mettait au point. Perplexes, ils critiquaient l'ordre des chansons, l'équilibre du tour de chant, le choix des musiques. Alors Piaf, qui au début était ravie de ce remue-ménage dans sa maison, perdait patience et les apostrophait un bon coup. Les visiteurs s'en allaient vexés, convaincus d'un désastre imminent.

Enfin, il y avait nous, les irréductibles, ceux qui gardaient les yeux ouverts dans la nuit, ceux qui se couchaient à l'heure du laitier. Vers 2 heures du matin, la répétition terminée, Piaf nous lançait sa harangue :

« J'espère que vous n'avez pas sommeil ? »

En chœur, lâchement, nous répondions comme un seul homme : « Non, Édith ! »

Après des répétitions à l'Olympia – où elle veilla en personne au réglage des éclairages, à la mise au point de la sonorisation, aux jeux des rideaux, à l'emplacement de chaque musicien, à l'installation de sa loge –, le 25 décembre eut lieu la générale, à Versailles, au cinéma Cyrano. Quelques heures plus tôt, Piaf avait reçu un télégramme en provenance de New York, qui l'avait contrariée. Le texte disait : « Impossible venir t'applaudir. Bonne chance et bonne santé. T'embrasse. » C'était signé Marlène Dietrich.

Je découvris, ce soir-là, que Piaf vénérait Marlène, qu'elle éprouvait pour sa silhouette, son élégance, sa distinction, sa beauté, une authentique admiration.

Marlène incarnait tout ce qu'elle aurait voulu être, elle possédait les seules choses qu'elle aurait voulu avoir : de longues jambes. Lors de son mariage avec Jacques Pills, à New York, Marlène avait été son témoin et elle lui avait offert une petite croix en or qui ne quittait jamais son cou.

« C'est mon porte-bonheur », nous avait-elle confié en caressant le crucifix.

« Il n'est pas très efficace, avait cru malin de commenter Figus. Depuis que tu as ton grigri, ton mariage s'est terminé par un divorce, tu as eu trois accidents de voiture, des côtes cassées, deux interventions chirurgicales, et on a même volé ton unique lingot d'or.

— Et alors ? Je suis vivante, non, pauvre con ! »

L'après-midi qui précéda la première de l'Olympia, on livra une robe noire de scène et des chaussures noires, le tout flambant neuf. Puis arrivèrent des dizaines de bouquets de fleurs qui transformèrent l'appartement en une immense serre. Ensuite, des coursiers déversèrent d'innombrables boîtes géantes de chocolats fins, auxquels Piaf ne put toucher, à cause de son foie.

Selon son habitude, Édith se leva à 17 heures. Elle se rendit au salon, plus impénétrable, plus imperturbable que jamais, exagérément désinvolte et calme, comme si elle voulait nous prouver que ce jour du 26 décembre était un jour comme les autres. Tous les yeux se braquèrent sur elle, scrutant anxieusement le moindre symptôme de défaillance. Bruno Coquatrix avait déjà téléphoné plusieurs fois dans la matinée, le cœur cognant comme un diesel, inquiet à l'idée d'un

45

forfait de la dernière heure ; Barrier, harcelé par des music-halls de province qui réclamaient Piaf après Paris, venait la consulter et lui exposer une situation financière peu brillante ; Charles Dumont se rongeait lamentablement ongles et lèvres, en attendant un cataclysme *in extremis ;* Vassal s'impatientait, car le journal lui réclamait une photo symbolique de Piaf et Dumont main dans la main ; moi, je cherchais désespérément, alors que tout allait bien, un article dramatique ; Marguerite Monnot s'inquiétait, car de mauvaises langues lui avaient rapporté que Dumont avait convaincu Piaf de supprimer *Milord* de son répertoire, ce qui était faux ; Claude Figus était très ennuyé, car on ne lui avait pas livré le costume neuf qu'il comptait étrenner en ce soir de gala. Presque simultanément, chacun demanda : « Ça va, Édith ? » Elle répondit : « Ça va », et prit place dans le divan, entre Marguerite et Coquatrix.

Il y avait trois heures à attendre avant le départ pour l'Olympia. Elles s'écoulèrent dans un climat tendu, entrecoupé de plaisanteries douteuses qui arrachaient des rires nerveux à tout le monde… À un certain moment, Piaf avait eu une très légère quinte de toux et elle avait remarqué que tous avaient dressé l'oreille, l'avaient épiée, angoissés. Elle s'amusa alors à tousser fréquemment, ce qui n'amusait personne d'autre qu'elle. Son jeu prit fin vers 19 heures quand Lesage arriva à son tour, pour lui faire répéter *Mon vieux Lucien*. La veille, à Versailles, Édith s'était emmêlée dans les paroles. Ensuite, elle se rassit sur le divan. Sa sérénité n'était qu'apparente. On sentait bien qu'elle était extrêmement énervée, prête à exploser, et chacun se demandait sur qui elle se défoulerait. À notre grand soulagement, la tête de Turc fut Danielle. La secrétaire était venue lui annoncer que sa robe et ses chaussures neuves étaient prêtes dans sa chambre : elle avait repassé la première et ciré les secondes. Danielle avait la voix tranquille des bons serviteurs qui ont rempli leur devoir. L'occasion était trop belle pour Piaf.

« Tu es folle ou quoi ? lui lança-t-elle.

— Mais pourquoi, Édith ? gémit Danielle qui, pratiquant Piaf depuis longtemps, comprit que le cyclone allait fondre sur elle.

— Pourquoi ? Tu me demandes pourquoi ? »

Le ton d'Édith s'élevait progressivement, jusqu'à n'être plus qu'un long cri de colère.

« Tu sais très bien que le tissu neuf m'irrite la peau, que les chaussures neuves me brisent les pieds... Mais tu es inconsciente ? »

Les regards fixaient Danielle avec sévérité. La malheureuse nous regardait tous, les uns après les autres, quêtant une voix pour la défendre, mais elle ne recueillit pas un murmure. Chacun était muré dans sa désapprobation.

« Que voulez-vous que je fasse ? demanda Danielle qui sentit les larmes lui picoter les yeux.

— Je vais te le dire, idiote : puisqu'on a la même taille, tu vas enfiler robe et chaussures, puis les user à toute vitesse !

— Oui, Édith. »

À peine Danielle fut-elle partie, Piaf soupira profondément.

« Ah ! fit-elle, ça soulage de crier contre quelqu'un ! Maintenant, ça va mieux ! »

La porte de sa loge se referma à 21 heures. Seuls, Barrier, Dumont et Danielle purent rester auprès d'elle. Pendant l'entracte, les coulisses se remplirent d'une foule en tenue de soirée qui piaillait, se bousculait, dans l'espoir de l'entrevoir. Mais la porte ne s'entrouvrit qu'une fois seulement, pour laisser passer la tête de Coquatrix qui annonça : « Dans cinq minutes, c'est à vous, Édith. » L'annonce vida les coulisses.

Et puis, l'orchestre joua l'indicatif de Piaf qui était l'*Hymne à l'amour*. Je m'étais posté sur le côté droit de la scène, lorsqu'elle arriva près de moi, soutenue par Coquatrix et Dumont qui semblaient la porter, comme pour lui éviter des fatigues inutiles. Je notai qu'elle avait une vieille robe de scène, des chaussures usées et déformées. Quand le lourd rideau rouge s'ouvrit, Piaf s'écarta de Charles et de Coquatrix. Au moment d'entrer en scène, je le sus plus tard, il se produisait en elle un phénomène épidermique étrange, dû sans aucun doute à la concentration et à la tension nerveuse. « Dans ces secondes-là, expliquait-elle, le moindre contact sur ma peau me provoque de véritables brûlures. »

Maintenant, éclairée de tous ses feux, la scène l'attendait. Rapidement, elle ferma le poing droit en tendant son index et son auriculaire, qu'elle pointa en avant à plusieurs reprises pour exorciser le sort. Puis elle se signa. Ensuite elle embrassa sa petite croix en or. Enfin, elle se tourna vers Coquatrix et Dumont. Un sourire paniqué tirailla ses lèvres. Édith sembla hésiter à affronter la scène, les projecteurs, les musiciens, la foule. Elle murmura : « Dites-moi merde, vite. » Ils obéirent.

Alors, lentement, elle s'avança toute droite vers le micro. Alors, la salle, debout, cria, scanda son nom, et un interminable grondement d'applaudissements roula vers elle. Pendant seize minutes, elle ne put chanter, tellement durèrent les ovations. Jamais actrice, jamais chanteuse, ne reçut un accueil pareil, empreint d'une telle ferveur.

Se tenant d'une main au micro, bouleversée, Piaf ne savait que dire « merci ». Quant à nous, coincés dans un réduit minuscule, sur le côté de la scène, nous la regardions, si pathétique, si fragile, et du coup nous oubliâmes son despotisme, sa tyrannie. Nous étions là, près d'elle, conduits par des motivations différentes, mais à ce moment précis, c'est certain, nous l'aimions fanatiquement. Grâce à elle, nous vivions des instants privilégiés. Elle aurait pu nous demander n'importe quoi : elle n'allait pas s'en priver. Sa voix prit son élan et la salle devint muette. À la fin de sa première chanson, le public se dressa de nouveau pour l'acclamer. Ce n'est qu'après avoir interprété *Je ne regrette rien,* qu'elle vint vers nous, les yeux brillants. Figus lui tendit un verre d'eau, dont elle ne but que quelques gorgées ; Dumont essuya la sueur de son visage. Édith eut un vif coup d'œil circulaire sur nous tous : elle comprit qu'elle nous avait éblouis, qu'elle nous tenait à sa merci, de même qu'elle avait capturé la salle. Alors, elle eut un petit sourire narquois et, cabotine, nous lança : « Je crois que ça marche. » Chaque chanson déversa vers elle des applaudissements de plus en plus puissants et prolongés, venant d'une salle transportée par une véritable hystérie affective.

La fin du tour de chant lui valut vingt-deux rappels. Le public, de nouveau debout, hurla son nom, lança des fleurs, applaudissant avec encore plus de fougue qu'à son apparition. Enfin, le rideau se ferma. Coquatrix s'élança vers elle, pâle d'émotion, bredouillant : « On n'a jamais vu ça, Édith, jamais ! » Danielle l'embrassa et l'enveloppa dans un châle ;

Dumont, Figus l'embrassèrent eux aussi. Loulou Barrier avait les yeux gonflés, tellement il avait pleuré durant le spectacle. Il était récompensé, ce soir-là, de tous les tracas qu'elle lui procurait. Sans lui, la nef Piaf aurait sombré depuis longtemps. Quand Piaf n'avait plus un sou, c'est Loulou qui cherchait, c'est Loulou qui ramenait, c'est Loulou qui prêtait, prouvant ainsi qu'il existait des imprésarios qui avaient du cœur. Des prodiges, des pirouettes pour la sauver financièrement, il en avait des stocks à son actif. Quand, au cours d'une tournée en Suède, Piaf avait eu une occlusion intestinale, c'est à Paris qu'elle avait exigé qu'on l'opérât. La caisse était vide.

Tel un prestidigitateur, Loulou fit jaillir l'argent, fréta un Constellation, la rapatria. Édith se désintéressa toujours de son compte en banque : elle tirait des chèques, les distribuait, tels des prospectus, avec une désinvolture qui plongeait Loulou dans le marasme le plus complet.

Où passait l'argent ? Dans les ventres et les poches de ses amis. Chez elle, tout le monde pouvait se servir : électrophones, magnétophones, disques, livres, sacs à main, draps, couvertures, et même une fois une cafetière – tout disparaissait. N'importe qui, à n'importe quelle heure, pouvait aller fouiner dans le garde-manger. Suzanne laissait faire, car Madame voulait que ce fût ainsi.

Mais ce fut surtout l'armée des amis, qui empruntaient sans jamais rendre, qui la ruina. Piaf ne réclama jamais, pas une seule fois de sa vie.

Bien plus tard, après que la sympathie eut basculé dans l'amitié, Édith me raconta comment une coterie, qui avait pris racine chez elle, sut exploiter le chagrin qu'elle ressentit à la mort de Cerdan et profita de son incommensurable crédulité.

« Si tu veux parler avec l'âme de Marcel, lui pro-posa-t-on, c'est possible, Édith : il te suffit d'avoir un médium et une table tournante. »

On lui trouva un médium. Elle acheta une table ronde, style Regency, en acajou brillant ; et chaque soir, en route pour la conversation avec son mort pré-féré : Marcel. Piaf y croyait dur comme fer. Entourée de la bande de rapaces, dans la pénombre, elle se concentrait, le regard tendu. Quant aux autres, ils riva-lisaient à qui aurait l'air le plus inspiré. La table, après une attente variable, faisait un bruit d'enfer ; on se serait cru chez un charpentier tellement elle cognait ferme. C'était Marcel qui demandait des nouvelles des uns et des autres, qui, du royaume des absents, prodi-guait des conseils, faisait la morale.

Boum-boum-boum.

« Qu'est-ce qu'il dit, Marcel ? questionnait Édith d'une voix blanche, impressionnée à bloc.

— Il dit... que tu es égoïste », répondait le médium qui servait d'intermédiaire.

Encore boum-boum-boum. Plus fort.

« Qu'est-ce qu'il veut, Marcel ?

— Que tu donnes de l'argent à Roland qui en a bien besoin, qui crève de faim...

— Mais oui, bien sûr... Combien ? »

Rafales de boum : sept cent mille francs. Même anciens, à cette époque, ça mettait des mottes de beurre sur les tartines. Chaque soir, de l'au-delà, Marcel faisait les comptes, procédait à la répartition : cinq cent mille pour Simone qui avait du mal à élever son enfant ; cent mille pour Georges qui avait absolu-ment besoin de s'acheter une guitare neuve, et ainsi de suite. Il y en avait pour tout le monde.

Amarrée solidement sur la galerie de la voiture, la table suivait partout, visitait la France, connaissait l'Amérique, au hasard des tournées. Il n'y a pas de frontières pour les pigeons, et Édith en était la reine. Elle se fit donc plumer sans broncher, en toute sérénité. Elle avait l'âme en paix. Mais, en peu de temps, les bavardages avec l'au-delà engloutirent sa fortune. Vainement, Loulou Barrier et même Charles Aznavour essayèrent de la mettre en garde. Édith les contemplait avec mépris, s'insurgeait : « Vous êtes de pauvres types qui ne croyez à rien ! » leur lançait-elle, écumant de colère. À mesure que le temps passait, que les trous financiers devenaient des précipices, le visage de Loulou se couvrait de tics irrépressibles et de rides.

Nous n'avions pas, Vassal et moi, connu cette période trépidante. Piaf nous l'avait racontée, en concluant : « Qu'est-ce que j'ai été conne ! » D'une certaine manière, elle poursuivait sur sa lancée. Nous avons vécu d'autres coups d'éclat. Dans la chanson, comme dans la vie, Édith nous prouva qu'elle était capable de renouvellements perpétuels.

Un matin – oh, il devait être 6 heures –, nous n'étions plus que trois dans son salon : Édith, Hugues et moi. Les autres avaient réussi à s'esquiver. Donc, nous bavardions, nous plaisantions, nous cancanions. Édith venait de nous raconter, avec drôlerie, quelques-unes des aventures amoureuses qu'elle avait accumulées, mais peu à peu sa voix s'était teintée de gravité. Elle nous raconta alors son histoire, banale comme une aventure de midinette, mais qui l'avait blessée. C'était l'histoire d'un jeune chanteur qu'elle soigna quand il fut malade, hébergea quand il échoua chez elle avec ses deux fillettes, aida quand il se trouva

dans la misère, et qui la largua après qu'elle l'eut lancé. La rupture eut lieu alors qu'elle-même se trouvait dans une clinique new-yorkaise. Il lui téléphona, simplement, de Miami. Juste pour lui dire : « J'ai trouvé une fille plus jeune et plus jolie que toi. Ne compte plus sur moi. » Et il raccrocha. Clac ! c'était fini. Quand elle nous avait raconté cette histoire, les yeux baissés, revivant sa déception, on devinait sans peine qu'elle avait eu sa part d'humiliations. Brusquement, Piaf dit :
« Je ne veux plus rien garder qui me rappelle ce fumier. »

Elle se leva et nous fit signe de la suivre. À la queue leu leu, nous entrâmes dans sa chambre, aux murs tendus de soie bleu pâle. Édith se mit à farfouiller dans sa commode. Elle en sortit une bague, puis une gourmette et un bracelet-montre en or, ensuite un collier en or également, et un joli diamant.

Il me faut préciser qu'à cette époque – qui dure encore d'ailleurs –, Vassal et moi n'étions pas ce que l'on peut appeler de beaux partis : exploités ignominieusement par le directeur du journal, nous tirions le diable par la queue, grappillions quelques extra sur nos notes de frais. Très honteusement payés au-dessous de notre valeur, harcelés quotidiennement par des préoccupations financières multiples, variées, affligeantes, nous contemplions, avec Hugues, ce petit tas jaune brillant, qui nous aurait épargné bien des stratégies financières. Nous salivions donc devant ce petit tas qui valait bien plusieurs millions, quand Édith lança :

« Vous allez voir ! »

De nouveau, elle nous enjoignit de la suivre. Avec détermination, elle poussa la porte de la salle de bains et se dirigea vers les toilettes. Puis, rageuse, elle lâcha dans la cuvette bague, bracelet, diamant, gourmette, qui disparurent avec un léger « ploc ». Ravie, enfin elle tira la chasse d'eau. Un court moment, les quelques biens de ce monde étincelèrent dans l'eau tourbillonnante. Puis ils disparurent dans un gargouillis. « Bon débarras ! » dit Piaf, rassérénée.

Un buffet attendait les amis du Tout-Paris, boulevard Lannes. Imposant, il avait été dressé dans la salle à manger, où habituellement personne ne mettait les pieds tellement elle était laide : la table ovale, les quelques chaises aux styles indéterminés soulevaient le cœur, coupaient l'appétit. C'était une grande pièce de dix mètres sur sept, incapable d'absorber les deux cents invités de cette soirée mémorable. La foule, compacte et bourdonnante, devenait franchement hargneuse à quelques pas du buffet qui s'étirait sur toute la largeur de la salle. L'approche, en effet, contraignait à des contorsions périlleuses qui exposaient les flancs aux coups de coude des voisins.

Au bout d'un certain temps d'une bataille sournoise, un mouvement de flux et reflux s'organisa. Il amenait les uns vers le buffet, ramenait les autres, brandissant à bout de bras au-dessus de leurs têtes des assiettes surchargées, vers l'entrée et le salon.

Un modeste espace – un mètre carré, au plus – était pourtant épargné par les envahisseurs. C'était un réduit aménagé le long du mur, et soigneusement évité par la foule qui le longeait. Édith s'y était installée. Toujours dans sa robe noire, assise sur une chaise, les mains croisées sur les cuisses, flanquée de Barrier et Dumont en sentinelles, elle contemplait, épanouie, sans en perdre une miette, le spectacle qui se déroulait autour d'elle. Tout s'enregistrait minutieusement dans sa mémoire. Plus tard, au moment voulu, elle se souviendrait de la goinfrerie des uns, des commentaires des autres. De temps en temps, Charles ou Loulou se penchaient vers elle, susurraient des propos fielleux qui provoquaient, interminable et inquiétant, le rire d'Édith. Sans pudeur, le trio se moquait des assistants qui le lui rendaient bien. Dans l'entrée, longue et rectangulaire, dans le salon, la bibliothèque immense et dégarnie de livres, de petits comités s'étaient formés qui déblatéraient ferme.

Claude Figus, ses cheveux bouclés en désordre, virevoltait d'un groupe à l'autre, infatigable, telle une luciole. Il souriait, acquiesçait, comme tout bon espion qui se respecte. Il rapportait les ragots des uns, les perfidies des autres, citant les noms sans vergogne, à la trinité qui siégeait immobile dans la salle à manger.

« Laisse-les cracher dans la soupe. Ça signifie qu'ils sont jaloux à crever ! lui répondait Édith avec une feinte indifférence. Et ça prouve aussi que, ce soir, on a gagné. »

Il y eut trois semaines délicieuses. Ce furent là des journées au cours desquelles le boulevard Lannes ne désemplit pas. Installée selon son habitude sur son divan, juste sous le tableau bleu et crème, ésotérique, Piaf recevait, telle une souveraine à la parure négligée, les hommages de tous ses sujets qui revenaient onctueux avec les beaux jours, après l'avoir abandonnée, vilipendée, condamnée.

C'étaient des scènes auxquelles je n'étais pas encore tout à fait familiarisé et qui me déconcertaient chaque fois. Il était évident qu'Édith n'était pas dupe un instant des soumissions hypocrites de ses thuriféraires ; de même que ceux-ci étaient conscients de ne pas l'abuser avec leurs flagorneries. Pourtant, merveilles de la comédie humaine, elle et eux se souriaient, s'embrassaient, se mentaient à qui mieux mieux, pitoyables acteurs d'un mélo lamentable qui allait s'achever tragiquement.

Ce n'est qu'avec le temps que je compris combien Édith avait besoin de toutes ces inutilités, de toutes ces bassesses : le retour des rats la rassurait. Il signifiait que le naufrage était évité, que l'arche de Piaf flottait encore.

Et puis, au terme de ces trois semaines, le climat d'euphorie qui avait succédé au triomphe de la rentrée se dégrada. Les lézardes furent d'abord imperceptibles. Nous en prîmes conscience, avec Vassal, un soir de fin janvier, dans les coulisses de l'Olympia où nous traînions régulièrement ; car, à notre tour, nous subissions son charme, nous commencions à bien l'aimer. Il nous était devenu difficile de vivre une journée loin d'elle, sans la voir, sans l'entendre.

Donc, Édith arriva en retard. Elle qui ponctuellement s'installait dans sa loge une bonne heure avant son entrée en scène, pour se préparer, pour aller jeter un coup d'œil sur la salle et voir la tête des gens, Édith apparut juste avant l'entracte. Nous pressentîmes que quelque chose ne tournait pas rond.

Les coulisses – c'était ainsi depuis la rentrée – étaient bourrées, comme un bureau de chômage, d'une foule qui guettait son arrivée. Il me faut préciser qu'à cette époque on avait tellement dit et répété que sa vie ne tenait plus qu'à un fil usé, que seuls des chapelets de miracles lui permettaient de tenir debout, que la plupart des spectateurs venaient, bien sûr, pour l'entendre chanter, mais surtout avec l'espoir caché et un tantinet morbide de la voir s'écrouler au pied du micro, foudroyée par la mort.

Généralement, Édith, escortée de Barrier et Dumont, précédée de Coquatrix, fendait cette foule contemplative et nécrophage, en distribuant des sourires, en lâchant des plaisanteries qui faisaient rire tout le monde, même ceux qui n'avaient rien entendu, avant de s'enfermer dans sa loge.

Ce soir-là, elle passa sans un mot, sans un regard, la tête basse. Cette arrivée tardive et renfrognée d'Édith provoqua instantanément des conciliabules et des commentaires pessimistes. En bousculant, en nous excusant, Vassal et moi parvînmes, non sans mal, jusqu'à la porte de la loge. Je frappai trois fois, selon un code que personne n'ignorait. Danielle entrouvrit la porte, nous reconnut, dit : « Ah, c'est vous », et nous laissa entrer. Nous traversâmes la petite pièce qui servait d'antichambre et pénétrâmes dans la loge.

Édith gisait dans un fauteuil, les mains à plat sur les accoudoirs, la tête rejetée en arrière contre le dossier. Elle gardait les yeux fermés, et son visage était d'une pâleur impressionnante. En entendant nos pas, elle entrouvrit les paupières – presque rien, une fente –, ses doigts remuèrent faiblement, et ce fut sa façon de nous saluer. Des coulisses nous parvenaient les bruits habituels des voix et des instruments qui s'accordaient, mais dans la loge tout le monde était silencieux. Était-ce à cause des énormes et somptueuses gerbes de fleurs envoyées par des amis, disposées en file sur la table à maquillage ? Était-ce à cause de Barrier, Coquatrix et Dumont, qui se tenaient adossés au mur tapissé de soie bleue ? Était-ce à cause de l'immobilité d'Édith ? Nous eûmes, Vassal et moi, l'impression pénible d'assister à une veillée mortuaire.

Il y eut des petits coups craintifs frappés à la porte, et Danielle, les larmes aux yeux une fois de plus, ouvrit. Visiblement désorientée par tant de monde et tant de vacarme, une femme assez corpulente, qu'un gros manteau de laine rendait encore plus massive, entra. Son visage, aux joues tombantes, avait un bon regard. Elle devait avoir une soixantaine d'années et portait ses cheveux blancs coupés court, à la garçonne. Elle dit son nom, mais personne n'y prêta attention. Mal à l'aise, ne sachant quel comportement adopter, elle eut un haut-le-cœur en voyant Édith. Du regard, elle chercha où poser sa sacoche de cuir, fripée, aux coins usés, ne trouva pas, et finalement elle la glissa entre deux bouquets de fleurs. « C'est l'infirmière », susurra Danielle qui éprouva le besoin d'annoncer une chose évidente.

Avec des gestes nets, contrastant avec la gaucherie de son arrivée, l'infirmière prépara sa seringue, puis se tourna vers nous, attentifs, muets, figés.

« Vous restez pendant que je fais la piqûre ? » se risqua-t-elle à nous demander.

Peut-être s'imagina-t-elle que dans ce monde d'artistes, considéré sans pudeur et dépravé, il était courant de dénuder ses fesses en public.

« Bien sûr que non ! » fit Barrier d'un ton agacé.

L'un derrière l'autre, nous passâmes dans l'étroite antichambre où nous nous entassâmes parmi des malles, d'autres bouquets de fleurs géants, des instruments de musique, des habits suspendus aux murs. Nous étouffions. Par moments, Barrier et surtout Coquatrix lançaient des coups d'œil désapprobateurs,

58

noirs, à Vassal qui avait sorti son appareil photographique, mais hésitait à s'en servir. De temps à autre, Hugues contemplait son Leica avec l'air étonné de celui qui se demandait qui avait bien pu lui accrocher un objet pareil autour du cou. Moi, assez lâchement, je l'abandonnai à son triste sort de photographe et m'efforçai de ne pas le voir. Ni lui ni moi n'étions à l'aise, partagés entre la tentation de réussir un joli coup journalistique et la honte de profiter de l'amitié d'Édith.

Quand l'infirmière reparut, Loulou Barrier s'approcha d'elle :

« Alors ?

— Je lui ai administré une piqûre de Coramine qui agira d'ici quelques minutes.

— Bien, fit Loulou. Restez avec nous dans les coulisses, soyez gentille, on ne sait jamais...

— Certainement, monsieur. »

Sans plus lui prêter attention, nous nous faufilâmes dans la loge.

On a souvent, dans les journaux – les soi-disant sérieux et les franchement insouciants de la vérité –, parlé de miracles au sujet de Piaf. C'est un mot fort, évocateur, un argument de vente solide. Disons que, ce soir-là, il y eut un miracle supplémentaire.

En effet, sous nos yeux, elle reprit vie. Ses joues abandonnèrent leur pâleur et rosirent un peu ; les cernes de ses yeux s'estompèrent légèrement ; sa respiration devint plus profonde et régulière. Édith bougea. Ses paupières se soulevèrent, puis elle nous dévisagea comme si elle sortait d'un profond sommeil. Enfin, elle demanda :

« Quelle heure est-il ?

— Près de 11 heures, Édith », répondit Coquatrix.

Il y eut de nouveau un long silence, puis elle se leva.

« Je vais chanter, annonça-t-elle.

— C'est de la folie, Édith ! s'écria Barrier.

— Tu es folle ! s'exclama Dumont.

— Je vais chanter, répéta-t-elle. Bruno, donnez-moi le bras. »

Édith chanta. Et elle, si décharnée et misérable, et elle, si brisée et blessée, et elle, si coupable et innocente de ses erreurs et de ses malheurs, nous bouleversa. Il fallait être là, quand sa voix, d'abord hésitante, retrouva sa chaleur et son accent désespéré. Cette voix qui la rendait enfin sincère, qui trahissait son angoisse, qui dévoilait sa solitude, cette voix qui nous la faisait tant aimer. Car – pourquoi le nier ? – nous l'aimions. Tapis sur un côté de la scène, Barrier, Dumont, Vassal et moi la fixions, fascinés ; nous la trouvions belle avec son visage en sueur, aux traits torturés. Loulou pleurait ; Dumont avait le regard brouillé ; Vassal avait une boule qui lui serrait la gorge ; j'étais ému.

On a beaucoup dit sur Édith. Tous ceux qui l'approchèrent crurent l'avoir comprise et s'estimèrent autorisés à formuler des jugements. Et ceux qui la connurent peu et ceux qui lui durent beaucoup furent ses censeurs les plus impitoyables.

Mais nous, dans ce coin noir des coulisses, nous sentions bien qu'elle ne pouvait être ce personnage dérisoire, nourri de scandales et d'aventures, que certains décrivirent. Nous, nous savions que sa voix qui contenait tant de détresses, tant de tourments, était une voix d'amour.

J'en étais convaincu depuis cette nuit où je m'étais retrouvé seul avec elle dans son salon. Il était très tard. Je me souviens qu'au moment de prendre congé avec les autres, elle m'avait attiré à l'écart dans l'entrée et m'avait glissé : « Revenez quand ils seront partis. J'ai besoin de parler. Vous me paraissez encore réveillé, les autres ont l'air de somnambules. Revenez, c'est sûr, hein ? »

J'étais revenu. Assis côte à côte sur le divan, elle buvait son thé, j'avalais du café. Pendant des heures, elle parla. Besoin de se raconter ? Envie de garder un dernier spectateur ? Elle égrena des histoires horribles de « fortifs », de garçons et d'alcool, comme si elle voulait mettre à l'épreuve la tendresse que je lui vouais. C'était un jeu subtil et dangereux, qui aurait pu m'éloigner d'elle, dégoûté et nauséeux, tellement son récit était une succession d'avilissements. Mais non ! plus elle s'enfonçait dans la honte, plus je compatissais.

« Vous savez, me racontait-elle d'une voix blanche, une nuit, après la mort de ma fille Marcelle, il me manquait dix francs pour payer son enterrement. Je n'avais pas d'argent et je ne connaissais personne à qui en emprunter. Alors, savez-vous ce que j'ai fait ?

— Non, Édith.

— Un type qui remontait la rue de Belleville derrière moi m'a racolée comme une fille. Et j'ai accepté. Je suis montée avec lui, pour dix francs. Pour enterrer mon enfant ! »

Comment en vouloir à cette femme qui me racontait sa déchéance ? Comment ne pas éprouver une immense pitié pour une mère qui avait subi une telle épreuve ? Et pourtant, je crois bien que les enfants n'étaient pas la distraction favorite d'Édith.

Elle avait tendance à les considérer comme des petites bêtes malodorantes et bruyantes.

Un matin, c'était au lendemain d'un article que j'avais écrit, avec son accord et après le lui avoir soumis, – article dans lequel je racontais une histoire à arracher les larmes, où il était question d'une jeune femme qu'Édith avait surprise en train d'abandonner son bébé dans une porte cochère, qu'Édith avait rattrapée sur les grands boulevards, à qui elle avait remis une importante somme d'argent pour élever son petit, un vrai feuilleton quoi! –, elle me téléphona. Piaf écumait. Elle criait tellement fort que je craignis que le combiné ne m'explosât à l'oreille.

« Ah! vous en faites de belles, vous! tempêtait-elle. Je veux vous voir tout de suite, c'est grave. Quand on fait une connerie, il faut en assumer la responsabilité! »

Inquiet, me demandant quelle catastrophe j'avais bien pu déclencher, sans me raser, dépenaillé, j'avais traversé Paris en trombe, jusqu'au boulevard Lannes. Toute droite, raidie par la colère, Édith m'attendait au salon. D'un geste, elle congédia Danielle.

« Vous êtes satisfait de votre article?

— Ben, Édith, oui. Et vous-même, d'ailleurs, lorsque je vous l'ai montré, l'aviez approuvé.

— Vous m'avez montré ce chef-d'œuvre de connerie? À moi?

— Oui, à vous. Et si vous prétendez le contraire, vous êtes de mauvaise foi.

— Moi? Moi, de mauvaise foi? Répétez-le!

— Je le répète : de mauvaise foi.

— Alors, ce n'était pas le même article.

— Strictement le même.

— Alors, vous m'avez embobinée et croyez bien que ça ne se reproduira plus. D'ailleurs, je ne veux plus que vous écriviez des articles sur mon compte!

— Mais, enfin, que s'est-il passé? »

Théâtrale, Édith s'était tue un long moment pour bien me laisser patauger dans mon anxiété.

« Ce matin, on a sonné à la porte. Marguerite est allée ouvrir et qu'est-ce qu'elle a trouvé?...

— Je ne sais pas, dis-je en mentant, car je devinais la suite.

— Un nouveau-né! Sur le paillasson. Sa mère, fidèle lectrice de votre journal, après avoir lu votre article, a voulu imiter la fable que vous avez inventée.

— Et qu'en avez-vous fait?

— Vous ne pensez tout de même pas que j'ai conservé ce truc qui braillait, non? J'ai expédié dare-dare Marguerite aux trousses de la mère. Elle me l'a ramenée, je l'ai menacée de la dénoncer à la police. Voilà ce que j'ai fait. Comme la pauvre idiote pleurait, je lui ai donné de l'argent quand même, pour les bouillies.

— Mais alors, du coup, mon article inventé – avec votre accord – est devenu vrai. De quoi vous plaignez-vous?»

Édith avait sursauté. Les lèvres serrées elle m'avait toisé, et puis toute sévérité, toute colère avaient abandonné son regard. Alors, elle avait éclaté de rire.

Le rire qu'elle eut, en rentrant dans sa loge ce soir de janvier, après son tour de chant, ne possédait pas la même gaieté. C'était un rire forcé, exagéré, qui sonnait faux. C'était le rire de quelqu'un qui, plus que les autres, voulait se duper soi-même. Brusquement, il s'éteignit et elle se retrouva pantelante, sans forces. Danielle, qui lui passait un tampon de coton parfumé sur le visage, dut la soutenir et l'aider à s'asseoir dans le fauteuil. L'infirmière prépara une

nouvelle seringue. Les admirateurs qui se bouscu-
laient dans l'antichambre furent refoulés. Longtemps
après, soutenue par Barrier et Dumont, Édith traversait les coulisses désertes de l'Olympia. Tandis que
leurs pas s'éloignaient, un employé éteignit les
lumières de la loge.

De nouveau, l'incertitude du lendemain s'installa
boulevard Lannes. En effet, la santé d'Édith périclitait
à vue d'œil. À cause d'un reportage, nous étions
restés, Vassal et moi, près de deux semaines sans la
rencontrer. Aussi, quand nous nous retrouvâmes
devant elle, nous éprouvâmes un choc. Édith nous
recevait dans sa chambre. Il devait être près de
17 heures, les rideaux étaient tirés et seule la faible
lumière d'une petite lampe de chevet en opaline éclai-
rait une partie du lit capitonné de satin. Le peu de
clarté suffisait, néanmoins, à nous révéler le piteux
état dans lequel se trouvait Édith. Nous l'avions quittée, d'une maigreur impressionnante, nous la retrouvions gonflée, bouffie, et son visage, auparavant si
pâle, avait pris une vilaine teinte orangée. Danielle
nous avait chuchoté dans l'entrée : « Sa mémoire lui
joue des tours... » Nous ne demeurâmes que quelques
minutes seulement, afin de ne pas la fatiguer. Il nous
fut impossible de découvrir quel mal l'accablait. Tous
se muraient dans un silence obstiné, haussaient les
épaules avec fatalisme. Le Dr de Laval, qui l'examinait
tous les jours, venait, repartait sans explications, se
bornant à donner quelques consignes à l'infirmière de
garde, parfois une ordonnance nouvelle à Danielle.
Nous n'avions échangé que peu de mots, des
banalités. On sentait qu'Édith évitait de parler, de

bouger même, attentive à préserver ses forces pour la représentation. « Il faut que je tienne le coup, souffla-t-elle. Trop de personnes dépendent de moi, vivent grâce à moi... »

Deux hommes étaient accablés et découragés : Barrier et Dumont. Ils avaient attendu, avec impatience, la fin du contrat qui liait Édith à l'Olympia, car le pire était à craindre. Il fallait presque la porter de sa loge à la scène, en traversant les coulisses interdites aux curieux, tellement ses jambes, ses chevilles, ses pieds avaient enflé. Danielle avait dû, d'ailleurs, découper ses chaussures pour qu'elle pût les enfiler. Sa voix avait graduellement perdu sa puissance et elle qui coupait toujours court les applaudissements, entre deux chansons, désormais les subissait avec soulagement, profitant avec avidité de ce répit pour retrouver son souffle. La scène à laquelle nous avions assisté avec Vassal s'était renouvelée chaque soir. Sans le secours de l'infirmière, sans les piqûres régénératrices, Édith eût été incapable de chanter.

Il était temps qu'elle s'arrêtât. Le dernier soir approchait, Loulou et Charles le guettaient avec soulagement, bien décidés à conjuguer leurs efforts pour la faire admettre dans une clinique. C'est au moment où l'un et l'autre se croyaient parvenus au bout de leur peine, qu'Édith annonça :

« Au fait, Loulou, il faudra que tu voies Bruno. J'ai décidé de prolonger mon contrat.

— Quoi ? fit Charles, horrifié.

— Vous plaisantez, Édith, vous tenez à peine debout ! s'opposa Loulou.

— C'est décidé : un mois de plus. »

Aucun argument ne put l'en dissuader. Assise sur son lit, ses cheveux teints en fauve, ébouriffés, têtue, presque hargneuse, elle argua que ce contrat

65

supplémentaire sortirait définitivement l'Olympia des eaux périlleuses de la fermeture.

« Et puis, j'ai besoin d'argent, conclut-elle. Entre les médecins, les médicaments et les infirmières, je serai bientôt à sec. Les huit cent mille francs que Bruno me donne tous les soirs ne sont pas de trop. »

Édith joua donc les prolongations ; de plus en plus au bord du désastre, terminant ses tours de chant dans un tel état d'épuisement qu'il fallait l'attraper au vol dès que le rideau se refermait, avant qu'elle ne s'écroulât.

Jusqu'au bout, Piaf tint bon, résistant contre ces vertiges qui s'emparaient d'elle. Brutalement, tout se mettait à tourbillonner devant elle, et les lumières de la scène, et les fosses de l'orchestre, et le grand rectangle noir du public. Nous savions quand les malaises la submergeaient : dans ces moments-là, ses yeux s'écarquillaient, ses doigts se crispaient sur le micro.

Malgré les exhortations de son médecin, elle partit en tournée en Belgique. La veille de son départ, Claude de Laval s'efforça de l'effrayer.

« Si vous voulez mourir à petit feu, alors allez-y, partez, Édith ! lui dit-il posément. Continuez de chanter, refusez de vous reposer, de vous soigner.

— Claude, je chanterai.

— Dormez au moins, bon sang !

— Non, Claude. Dormir, c'est du temps perdu. Dormir me fait peur, c'est une forme de la mort. Je déteste le sommeil. »

Elle partit. Mais à son retour, en avril, avec sa petite troupe décimée et exténuée, Édith n'était pas belle à voir. Quand je l'avais retrouvée boulevard Lannes, elle était effrayante, les traits de plus en plus boursouflés, le teint de plus en plus jaunâtre, elle demeurait de longues heures affalée sur son divan, une expression hagarde dans le regard, incapable de contrôler ces filets de bave qui glissaient sur son menton, tenant des propos incohérents. De nouveau, Édith était perdue. Et le boulevard Lannes se vida encore une fois.

Tard dans la nuit, nous nous étions retrouvés avec Dumont au Bar du Village, un endroit discret et un peu désuet de Saint-Germain-des-Prés. À part un vieil ivrogne de quarante ans qui grognait ses ennuis métaphysiques dans un coin, à part Jean, le barman, qui jouait aux dés avec une nostalgie de l'existentialisme sartrien en chemise à carreaux, nous étions seuls Charles et moi. La barbe qui repoussait accentuait davantage son air lugubre et malheureux.

Déjà migraineux, nous bûmes encore chacun notre tournée en sachant pertinemment qu'au réveil nos gueules de bois seraient carabinées, que nos foies se rebifferaient. Nous qui escortions Piaf, étions aisément repérables, nous constituions sa bande aux yeux jaunes. Déjà, Vassal, qui buvait sec pour noyer ses scrupules, galopait vers l'hépatite.

« Ça va mal avec Édith, on se fait la gueule ! » lâcha soudain Dumont en reposant son verre avec une moue de dégoût. « Je viens d'avoir une explication orageuse avec elle. Ce soir, parce qu'elle était un peu moins comateuse que d'habitude, j'en ai profité pour vider mon sac et lui dire ses quatre vérités, puisque personne n'ose lui parler franchement.

— C'est-à-dire, Charles ?

— Mon vieux, je ne sais si tu l'as deviné, mais actuellement Édith est une femme intoxiquée par les drogues qu'elle absorbe chaque jour, depuis l'hiver dernier. Tout à l'heure, je l'ai quittée en lui posant un ultimatum : je lui ai dit que, si elle ne se désintoxiquait pas, je m'en irais, je l'abandonnerais ; je lui ai même précisé que je me foutais de ne plus travailler avec elle, de ne plus gagner d'argent grâce à elle, mais que je refusais d'assister à son suicide.

— Tu ne crois pas que tu y as été un peu fort ?

— Détrompe-toi : qu'elle refuse de se soigner, sa mort est certaine. Et dans peu de temps encore. Édith, c'est vrai, a une excuse : les rhumatismes déformants qui la font souffrir. Je l'ai vue, à Paris, à Bruxelles aussi, pendant ses crises, et c'est un spectacle hallucinant. Dans ces moments-là, elle se tortille sur son lit, les doigts comme raidis, elle pleure, elle bave, elle hurle. Un cauchemar. Quand elle souffre ainsi, deux médicaments la soulagent : le dolosal et la cortisone. Pris en doses normales, ils ne sont aucunement dangereux. Seulement, tu connais Édith, au lieu d'une piqûre par jour, elle en réclame, trois, quatre, parfois...

— Quelque chose m'échappe, Charles : comment fait-elle pour s'en procurer autant ?

— Tu es bien naïf, m'expliqua Charles en hochant la tête. Bien sûr que sur son ordonnance, son médecin ne lui octroie que des doses inoffensives. Mais Édith est maligne : elle appelle quatre médecins différents, qui lui remettent chacun une ordonnance avec les mêmes médicaments. Et elle agit de même avec les infirmières.

« Le résultat, tu as pu le constater toi-même : dolosal plus cortisone, à doses massives, l'abrutissent complètement. Du coup, pour s'extraire de sa torpeur et pouvoir chanter, le soir elle avale des excitants par poignées. Inutile de te dire qu'à ce régime, Édith est plutôt délabrée. »

Dumont se tut et je commandai des whiskies. Dès que Jean nous eut servis, Charles fit tourner le verre entre ses doigts, hésitant, comme moi, à l'avaler d'un trait ou à le boire par petites gorgées.

« Je n'en peux plus ! reprit Charles. Sincèrement Édith m'a mis sur les genoux. Ce contrat à l'Ancienne Belgique, après l'Olympia, m'a vidé. Tu ne peux savoir ce qu'a été ce séjour à Bruxelles. Chaque soir, nous nous demandions si elle pourrait chanter. Avec Loulou, nous l'amenions jusqu'à sa loge, mais c'était un pantin que nous installions dans le fauteuil. Elle était sans réaction, mais ce qui était plus impressionnant encore c'était son incapacité d'articuler deux mots à la suite. On l'aurait crue gâteuse... Et puis, une vingtaine de minutes avant son entrée en scène, comme elle chantait en duo avec moi *Les Amants,* elle recevait la piqûre miraculeuse. Puis Édith avalait ses saloperies de stimulants. Alors, elle était remontée à bloc pour son tour de chant. Le drame – et crois bien que je n'exagère pas –, le drame c'est qu'ensuite elle ne pouvait plus s'endormir. Tu penses, avec ce qu'elle avait reçu comme doping, elle aurait pu courir un steeple-chase ! Vers minuit, nous quittions l'Ancienne Belgique et nous accompagnions Édith au restaurant, car elle voulait souper ; ensuite il fallait lui faire la causette dans sa chambre jusqu'à 6, 7 heures du matin. C'est-à-dire jusqu'au moment où piqûre et pilules cessaient leur effet. D'un seul coup, elle s'abattait. On la transportait dans son lit, Danielle la déshabillait, la bordait. L'après-midi, c'était le drame à l'envers : impossible de la réveiller.

— Mais ses crises de rhumatismes duraient si longtemps ?

— Bien sûr que non ! Mais Édith réagissait dans ces cas-là comme n'importe quelle droguée. Elle s'était accoutumée à ses piqûres. Tant qu'elle n'avait pas ses injections, elle restait couchée, prostrée, incapable de bouger, de parler... Une loque ! À cause d'elle, nous avons vécu l'enfer, et en même temps nous ne lui en voulions pas, car elle était tellement émouvante, pitoyable, que nous la plaignions, en fait.

« Nous aurions bien voulu qu'elle arrêtât ses récitals. Chaque jour, Loulou et moi essayions de la ramener à Paris. Figure-toi qu'un soir, elle était tellement aphone qu'elle ne put chanter. Elle a déclamé, mimé tout son tour de chant. Une autre chanteuse, à sa place, aurait reçu des tomates... Pas elle. Son récital parlé lui a valu un triomphe extraordinaire ! Après, Loulou lui a dit qu'elle ne pouvait plus continuer, qu'il était temps qu'elle se reposât. Qu'est-ce qu'il a pris ! Édith est devenue une furie, nous a tous copieusement engueulés, en nous disant que la patronne c'était elle, que ceux qui étaient crevés n'avaient qu'à rentrer, qu'elle n'avait besoin de personne.

— Et maintenant, Charles, que va-t-il se passer ?

— Je te l'ai dit. Cet après-midi, je vais boulevard Lannes. Ou elle se fait désintoxiquer, ou je m'en vais, avant de devenir piqué. Viens avec moi. J'y serai vers 18 heures. D'accord ?

— D'accord. »

Quand elle pénétra dans le salon, Édith portait un pantalon bleu pétrole assez mal coupé, et un cardigan blanc sur un tricot rose. Sa démarche était lente, incertaine, comme si elle marchait sur un fil invisible. Dumont la suivait. Je m'étais levé du fauteuil et nous

nous étions embrassés trois fois. Aidée par Charles, elle s'assit sur le divan et ferma les yeux. Dumont s'était installé à ses côtés et lui tenait la main pour la réconforter. Il était très pâle et très ému. Quant à Édith, le visage toujours gonflé et orangé, elle respirait par saccades. À son tour, Loulou arriva, s'approcha d'elle, se courba pour l'embrasser, se redressa, resta debout. Pour se donner une contenance, il mit ses mains dans les poches de son costume gris, les sortit, puis, après avoir toussoté, dit :

« La valise est prête, Édith. Nous partons pour Ville-d'Avray quand vous voudrez. »

De nouveau le silence. Enfin, Édith rouvrit les yeux. Son regard bleu, étrangement clair, était brillant de larmes. Elle nous observa, mais je sentais bien qu'elle était loin de nous, tournée vers l'intérieur d'elle-même, désespérément solitaire.

« Vous viendrez me voir ?

— Naturellement, Édith », dis-je.

Loulou et Charles l'aidèrent à se mettre debout. Nous nous embrassâmes de nouveau. Dans l'entrée, Danielle l'aida à enfiler un vieil imperméable en nylon. La porte claqua derrière son dos.

Ce n'était pas la première fois qu'Édith se soumettait à une cure de désintoxication. Lors des innombrables soirées que nous avions passées ensemble, seuls, sur le divan, il lui était arrivé fréquemment de se raconter longuement.

Quelle était la part de vérité dans tous ses propos, je n'ai jamais pu le déterminer. Je pense qu'elle me dévoilait sa vie, selon son humeur, et selon que son humeur fût morbide ou sereine, le cours de ses récits subissait des infléchissements divers. Je crois, également, qu'elle avait la sincérité variable, selon le confident. Mentait-elle sciemment, croyait-elle à ses mensonges, avait-elle oublié la vérité, croyait-elle ses versions falsifiées, il m'est impossible de le dire. Ce dont je me souviens, c'est que, dans l'atmosphère opprimante de ce grand salon silencieux plongé dans la pénombre, je restais près d'elle jusqu'à l'aube, je subissais son charme, j'acceptais ses confidences, délibérément crédule et consentant. Les rares fois où je m'étais risqué, très gentiment, à la contredire ou à la surprendre en flagrant délit de mensonge, Édith réussissait toujours à sauver la face par une pirouette, à me piéger.

Ainsi, lorsqu'elle avait eu un besoin impérieux d'argent, elle avait accepté de raconter sa vie dans l'hebdomadaire auquel je collaborais. La somme que ma direction lui versait était confortable : un million, ancien, par article. Il y en eut douze. Au cours de mon enquête, elle me raconta la fameuse histoire des dix francs pour enterrer sa fille Marcelle. Je lui dis :

« Je crains, Édith, que si vous racontez que l'homme a couché avec vous, cette chute ne choque les lectrices.

— Vous avez raison. Que suggérez-vous ?

— Je dirais que, lorsque vous vous êtes retrouvée avec l'inconnu dans la chambre de passe, vous avez éclaté en sanglots.

— C'est bien. Et après ?

— Ensuite, le type vous a demandé la raison de vos larmes et vous lui avez révélé la mort de votre enfant. Alors, il a eu pitié de vous, vous a donné la pièce quand même, sans vous toucher, et il est reparti.

— Vous avez raison. C'est plus joli et c'est moral. »

Quelques jours plus tard, Édith, revenue sur cet épisode de sa vie, me le raconta avec la conclusion que je lui avais suggérée. Je lui demandai innocemment :
« Et le bonhomme ne vous a pas touchée, Édith ?
— Pas un cheveu. C'était un gentleman. »

Sa vie telle qu'elle me la servait était un mélange, subtil et habile, de Zola, de feuilleton pour cœur solitaire, d'Aristide Bruant, de roman à l'eau de rose. Elle me décrivait les bandes des « fortifs », les filles perdues, les maquereaux farauds, les chansons dans les cours, les flics à vélo, les voleurs à la tire, les chambres pouilleuses, les amitiés douteuses, et elle, seule, perdue, amorale, amoureuse, à chaque coin de rue.
Après les descriptions minutieuses de ces nouveaux mystères de Paris, Édith en était arrivée aux explications plus sérieuses, plus périlleuses : l'amour, l'alcool, la drogue. C'est au cours de ces récits qu'elle me parla avec détachement – comme s'il s'agissait de quelqu'un d'autre – des cures de désintoxication qu'elle avait subies.
L'alcool. À cause de ses chagrins d'amour, qui se succédaient comme un chapelet et qui la laissaient chaque fois plus tragiquement seule : « Alors, je buvais. Ce n'était pas futé, mais c'était comme ça. Avec une bande d'amis, nous cherchions une rue de Paris, longue, populaire, et nous entrions dans chaque bistrot où chacun payait sa tournée. Au bout de la rue, nous étions ronds comme des petits pois. »
Elle concluait : « C'était de la connerie, mais quand on est malheureux on fait souvent des conneries. »
Elle philosophait : « La honte ! Oui, j'ai eu honte, mais quand on souffre on abdique toute pudeur. » Elle me

confessa, dans un souffle : « L'alcool me valut ma première désintoxication. Le premier jour, en clinique, fut un paradis. Une infirmière vint me demander ce que je voulais boire. Un carnet à la main, elle prit ma commande. Je bus toute la journée : du pastis, du vin rouge, du whisky, de la bière. Le soir, j'étais joyeuse comme une grive. La nuit, je chantai à tue-tête. Les autres jours furent moins gais. Les rations diminuèrent, s'espacèrent... Un jour, je n'eus plus rien. Rien du tout. Et ce fut l'enfer. Je hurlais de soif, je me débattais, on dut m'attacher à mon lit. Après les cris et les gémissements, vinrent les fantasmes, les vampires noirs qui grimpaient aux murs, puis se jetaient sur moi. Je hurlais de terreur. Je crus devenir folle. Enfin, je me guéris de l'alcool. Alors, vint la drogue. Bêtement. À la suite d'un accident de voiture. Mes fractures me faisaient tellement souffrir qu'on m'administra de la morphine. Et j'y pris goût. Alors, de chute en chute, je me retrouvai en clinique. Puis, après les fractures, arrivèrent les rhumatismes. Je me droguai encore. Je rechutai. Je retournai en cure. Mes malheurs sont aussi simples que ça. »

Vrai ? Faux ? Pas de repères. L'alibi de la souffrance était un argument de poids, mais jusqu'à quel point n'en abusa-t-elle pas ? Pourtant – et je ne suis pas seul à le croire, car Aznavour, Barrier, Coquatrix, Dumont ont pensé comme moi –, Édith éprouvait une réelle répulsion pour l'alcool, une réelle horreur des drogues.

Alors, pourquoi se dégrada-t-elle ainsi, au point de paraître, à quarante-six ans, une très vieille femme, au point d'abréger sa vie ? L'une, parmi les explications les plus vraisemblables, peut être cette peur pathologique du noir et de la nuit, jointe à cette solitude de son âme, à son besoin de tendresse, un besoin absolu, sans concessions. Elle avait dit un jour à Dumont : « Je suis contente quand tu es là. » Puis elle avait ajouté très vite, gênée : « Tu ne peux pas savoir combien le pas d'un homme dans une maison est rassurant. » À moi, elle avait confié : « Je n'ai aimé de tout mon cœur qu'une seule fois dans ma vie. » Et elle avait précisé : « C'était Marcel Cerdan. Il a été le seul homme que je n'ai jamais suspecté d'aimer la vedette, parce que lui était une plus grande vedette que moi. » Après la mort du champion, dans une catastrophe aérienne, Édith chercha avec une sorte de frénésie à aimer encore. Mais en amour, comme en tout, elle était trop entière, trop excessive et intransigeante. Alors, à mesure que ses déboires sentimentaux s'amoncelaient, l'image du boxeur disparu grandit, devint légende. Elle eut, pour sa mémoire, des gestes touchants de naïveté. Édith conservait dans une malle une paire de gants de boxe et un peignoir de ring, telles des reliques. Dumont me raconta comment naquit la chanson : *Une belle histoire d'amour.* Il en avait composé la musique, et un après-midi, alors qu'ils étaient seuls au salon, il la joua au piano. Très troublée, Édith lui dit : « Je vais t'écrire les paroles. »

Assise sur son lit, un crayon à la main, un cahier d'écolier sur les genoux, elle composa. Quand le texte fut terminé, au bout de quelques heures, elle confia à Charles :

« Je ne pourrais jamais dire que c'est moi qui ai écrit ces paroles. J'aurais honte de toucher de l'argent pour cette chanson écrite en souvenir de Marcel. »

À moi, pendant que je préparais ses mémoires pour mon journal, lorsque nous abordâmes le chapitre consacré à Cerdan, Piaf dit :

« Avec Marcel, j'ai été une autre femme, pour la première fois de ma vie. Il avait éloigné les mauvais anges de mon entourage. Il ne m'aurait pas pardonné un excès ni un pas de travers.

« Avec Marcel, j'avais retrouvé mon équilibre. C'était un être simple, modeste, bon. Nous passions nos soirées comme des retraités. Il lisait des bandes dessinées – *Mickey, Félix, Tarzan* –, il riait aux éclats. Moi, je tricotais, des cache-nez, que des cache-nez... Dans la rue, il ne fanfaronnait jamais, il avait une patience de Chinois avec tous ceux qui l'abordaient et lui réclamaient des autographes. Parfois, il m'arrivait d'être franchement désagréable avec mes admirateurs. Marcel me le reprochait. De sa voix fluette, pour un homme aussi fort, il m'expliquait : "Si tu vis bien, c'est grâce à ces gens-là. Aie, au moins, de la reconnaissance."

« Quand on m'a annoncé qu'il était du nombre des victimes, aux Açores, j'ai cru devenir folle. Depuis, je sais ce que signifie souffrir. La mort de ma mère, puis celle de mon père, que j'aimais pourtant bien, ne m'avaient pas procuré ce sentiment de vide, d'impuissance. Marcel m'avait fait du bien au cœur. »

Après un silence, Édith avait ajouté :

« Vous préciserez à votre directeur que je ne veux pas un centime pour l'article dédié à Cerdan. »

Quand Édith sortit de la maison de repos de Ville-d'Avray, le mois de juin venait de débuter. Au téléphone, elle m'avait dit : « Je suis sans nerfs, molle comme un gâteau anglais. Je ne vous verrai que quelques minutes, mais venez quand même. » Comme d'habitude, je la retrouvai blottie sur son divan, au salon. Dans son visage amaigri, ses yeux bleus paraissaient immenses. Édith ressemblait à une vieille poupée un peu cassée que l'on aurait posée contre un coussin et qu'il ne fallait pas toucher sans risquer de la disloquer. Je notai que la vieille garde fidèle s'était

reformée dans ce moment pénible, car Barrier, Coquatrix, Dumont et Marguerite étaient déjà là. De nouveau,
ils épiaient son regard, surveillaient sa respiration,
guettaient le moindre de ses désirs, prêts à bondir. Je
l'embrassai trois fois. Ses joues étaient presque froides
et je remarquai que tout son corps était parcouru d'un
frisson léger et continu, comme certains animaux, les
biches notamment, toujours aux aguets.

« Comment va Hugues Vassal ? demanda-t-elle.

— Très bien, Édith. Il grossit.

— Le salaud. Il aurait pu venir me voir.

— Hugues passera ce soir, pas trop tard. »

S'adressant à Marguerite, elle lui avoua dans un
souffle : « Je suis fatiguée. »

Ce soir-là, Vassal et moi fûmes particulièrement
ignobles. Rien ne me contraint à dévoiler cette peu
flatteuse histoire que j'ai sur la conscience. Mais comment parler des autres, si je m'épargne moi-même ?

Pour en revenir à cette soirée sans gloire, Hugues
débarqua boulevard Lannes avec l'air agité d'une
poule qui a trouvé un couteau. Couchée, Édith somnolait dans sa chambre. Vassal serra la main de tout le
monde, puis profitant d'une conversation entre Barrier
et Dumont, me fit « psst ! » et m'attira à l'écart, vers
l'office. De la porte, nous pouvions voir dans la cuisine, assises à la longue table blanche, Suzanne et
Christiane, immobiles, désemparées par l'inactivité.
À voix basse, Hugues m'annonça :

« Le journal m'a téléphoné à la caserne. Ces cons-là
veulent une photo d'Édith allongée sur son lit, les
yeux fermés. Comme si elle était morte.

— Quoi ?

— Ben oui. Et tout ça parce que le bruit court qu'Édith est perdue. Qu'est-ce que je vais faire ?

— Je n'en sais rien. »

Nous étions revenus au salon. L'exigence du journal me paraissait aberrante et révoltante. D'autre part, je voyais mal Vassal déjouer les surveillances et se faufiler, inaperçu, jusqu'à la chambre d'Édith. Ce genre de journalisme demandait de l'audace et un manque total de scrupules : Hugues ne possédait pas la première et il étouffait sous les états d'âme.

Las ! la malignité du destin s'en mêla. Nous étions installés au salon. Barrier nous exposait les difficultés financières qui s'accumulaient sur Édith : son impossibilité de chanter et d'enregistrer pendant au moins trois mois, les frais de maison et les notes chez les commerçants qu'il fallait solder. Soudain, Danielle passa la tête dans l'entrebâillement de la porte. De sa voix légèrement stridente, elle dit :

« Édith veut voir Hugues. »

Barrier sursauta :

« Ça va la fatiguer, bon sang ! Comment a-t-elle su qu'il était là ?

— Elle a entendu la sonnette, elle m'a appelée, elle m'a demandé qui était arrivé. Je lui ai répondu. »

Loulou grogna : « C'est pas malin. » Vassal, lui, était déjà debout. Il me fit un clin d'œil discret et s'éloigna. L'occasion, je le devinais, était belle pour qu'il réalisât la photographie chère au journal. Encore militaire, donc en uniforme, je savais qu'il cachait son Leica, en bandoulière, sous son blouson bleu. Au moment où il referma la porte du salon, il était près de 20 heures. J'écoutais distraitement les inquiétudes de Loulou, partagé entre la satisfaction de réussir le reportage et des bouffées de honte. La nuit, en juin, tombe tard. Or, vers 21 h 30, Hugues n'était toujours pas de retour.

Loulou était reparti ; Dumont avait oublié Vassal ; Danielle dînait à la cuisine avec Suzanne et Christiane. Moi, je guettais le retour de mon ami. À 22 heures passées, je n'y tins plus. Je me levai avec brusquerie et annonçai à Dumont :

« Je vais voir ce que fait cet abruti avec Édith.

— D'accord, fit Charles, je vous attends. Ensuite nous irons dîner ensemble. »

Je quittai le salon, traversai l'entrée, puis je m'engouffrai dans le court corridor qui conduisait à la chambre d'Édith. Silence total. Après avoir hésité, je me risquai à frapper discrètement. Pas de réponse. Je frappai encore, plus fort. Un chuchotis me répondit « oui ».

J'entrai... et je restai cloué sur place. Vassal était allongé sur le lit, à côté d'Édith qui dormait profondément, confiante, avec sa tête enfouie au creux de son épaule gauche.

« Mais qu'est-ce que tu fous ? chuchotai-je. As-tu fait ta photo, au moins ? »

Il me fit non des yeux. Tout son visage exprimait un terrible désarroi. Il leva la main droite, pointa son index vers Édith et souffla :

« Elle dort la tête sur mon appareil ! »

Édith passa tout son été dans la maison de campagne que Loulou Barrier et sa femme possédaient près de Houdan. Un grand jardin garni de fleurs et d'arbres fruitiers ceinturait la longue bâtisse à l'architecture agréable. L'été 1961 fut ensoleillé, mais Édith n'en profita pas. La plupart du temps elle demeurait tapie dans la chambre spacieuse aux poutres apparentes, étendue dans un large fauteuil, le visage hermétique. Conséquence de sa cure de désintoxication, elle traversait une dépression nerveuse.

Chaque après-midi, au volant du spider Alfa-Romeo rouge dont il avait toujours rêvé et que ses droits d'auteur lui avaient offert, Charles Dumont venait lui rendre visite et s'échinait à la réconforter. Vassal et moi arrivions nettement plus tard, traînés par une guimbarde dont je tairai le nom pour ne pas humilier le constructeur.

Édith nous recevait, cafardeuse et revêche, nous lançait des regards sombres, grommelait contre la campagne et le ciel bleu qui représentaient, pour elle, un décor sinistre. Nos visages et nos bras bronzés l'irritaient, et de temps en temps elle grinçait à notre égard : « Je déteste les gens en bonne santé. »

Réunis en demi-lune près d'elle, nous restions des heures à lui tenir compagnie, et le fait que nous acceptions de gaspiller tant de soleil, de vivre des jours entiers dans l'ombre de sa chambre, lui procurait un plaisir certain. Un après-midi, Charles, qui avait parfois des défaillances psychologiques, lui proposa avec emphase :

« Cet hiver, Édith, je t'emmène à la montagne. Rien de tel que l'altitude pour te remettre en forme. »

Elle lui coulissa un regard soupçonneux :

« Moi, à la montagne ? Dans la neige ? Tu es fou ?

— Tu verras, Édith, tu reviendras forte comme un Turc !

— Je ne fais pas de concours de lutte ! » lança-t-elle, revêche.

Imperturbable, perdu dans son idée fixe, chaque jour Charles la harcelait avec sa montagne vivifiante. Après avoir répondu, au début : « On verra », Édith finit, pressée par tous, Loulou en tête, par capituler. Nous étions en juillet, mais Charles commença à prospecter les agences de voyages et les stations de sports d'hiver... Il arrivait, aidé par Vassal, les bras chargés de prospectus, catalogues, dépliants en couleurs, tous alléchants. Édith, contaminée par tant de projets oxygénés, se voyait déjà chaussant des skis.

« Tu es sûr que ce n'est pas dangereux, que je ne me casserai pas une patte ? s'inquiétait-elle parfois.

— Bien sûr que non ! » lui répondaient en chœur Barrier, Dumont et Vassal, paladins des pistes.

Moi, je me taisais. Le trio, amateur sordide des skis, m'avait fait jurer de ne pas révéler ma brève expérience : une heure de ski, quarante-sept jours dans le plâtre ! Néanmoins, je recommandais, discrètement, à Édith une grande vigilance.

C'était indéniable, le calme, la campagne, la chlorophylle agissaient sur Édith. Elle avait beau s'en défendre, prétendre que ses nerfs étaient remplacés par des nouilles, de jour en jour son teint se colorait, ses forces revenaient, son rire résonnait, son moral remontait au beau fixe. Sa boulimie de médicaments ayant cessé, Édith était en voie de guérison.

En août, elle s'essaya à répéter avec prudence. Charles l'accompagnait au piano. Presque aussitôt, sa voix retrouva son timbre et son ardeur, mais, naturellement, au bout de trois chansons elle était essoufflée.

« C'est une question de temps, disait Loulou qui la connaissait bien. Si elle ne fait aucune imprudence, elle fera sa rentrée après les sports d'hiver. »

Vers la fin de l'été, l'étoile de Dumont commença à décliner. Cela se remarquait à l'accueil d'Édith, à son regard qui pouvait être glacial, à cette façon qu'elle avait, résignée, de lui tendre les joues pour recevoir les trois baisers qu'elle ne lui rendait jamais. C'étaient les prodromes de la disgrâce.

Charles traînait un grave handicap : une épouse, Janine, brune, belle, intelligente, et deux fils. Ils représentaient trois boulets qui pesaient lourdement sur l'affection que lui vouait Édith. Jusque-là, les hommes qui avaient traversé son existence n'avaient pas hésité un instant à sacrifier femme et enfants pour devenir les ombres de Piaf. Des ombres aux petits soins, soumises et prévenantes, insatiables avaleuses de couleuvres, sachant qu'au bout de tant de servitudes la récompense viendrait : ils seraient des vedettes.

Le scénario était immuable. Après un premier round d'observation, Édith, qui adorait « pygmalionner », décrétait que son amant d'un temps avait de la présence et de la voix. Juste de quoi faire un chanteur. Dès lors, il ne lui restait plus qu'à imposer son dernier élu à Coquatrix atterré : simple formalité.

Je me souviens de l'un de ces chanteurs répudiés, un grand, au visage rectangulaire comme une boîte à chaussures, qui me confia, longtemps après son renvoi et sans un pouce de regret : « Grâce à Édith, j'ai pu passer à l'Olympia dans des conditions financières inespérées. Sans elle, j'attendrais encore que Bruno veuille bien me faire signe. Bien sûr, ma vie n'a pas toujours été rose avec Édith : elle m'insultait, m'humiliait. Mais enfin, on n'a rien sans rien. »

Charles,, l'ingrat, refusait d'abandonner sa vie familiale. Des principes démodés le ligotaient à l'éducation de ses enfants, une tendresse désuète le retenait auprès de sa femme : un petit-bourgeois de la chanson. Au début, pendant la période exaltante de la création artistique, puis celle trépidante de la rentrée à l'Olympia, Édith n'avait pas bronché. Au contraire, souvent elle disait à Charles – plus ou moins sincère, allez savoir : « Rentre, ta femme t'attend. » Charles hésitait. Tous les maris, aux yeux du monde, c'est bien connu, se veulent libres, indépendants, maîtres de leur temps. Après avoir lambiné dans le salon, pour la forme, il regagnait son foyer.

Pendant sa maladie, Édith était tellement hébétée et aphasique que la vie conjugale de Charles n'effleura pas un instant son esprit à la dérive. Mais, maintenant, en cet automne où elle revenait à la vie, Édith avait besoin d'un homme à ses côtés, de sa présence constante. Un besoin de dominer et de posséder.

Édith était redevenue Piaf : autoritaire, dominatrice, tyrannique. De retour boulevard Lannes, elle vivait dans un tourbillon de projets. Loulou soupirait : « Ça recommence. » Ça recommençait, en effet. De nouveau, Claude Figus, qui avait disparu dans la jungle de Saint-Germain-des-Prés, était revenu triomphant comme un explorateur ; Jacques Lesage, reposé, avait été convoqué et accompagnait Édith au piano ; des directeurs de salles de province vinrent aux nouvelles ; les journalistes repointèrent leur nez ; Jacques Poisson, son directeur artistique chez Pathé-Marconi, appelé à son tour, mit au point avec la « ressuscitée » un programme d'enregistrements.

Dumont participait à tout ce remue-ménage comme avant. Avec toutefois une modification : Édith ne lui demandait plus son avis ni ses conseils. Telle une petite lèpre, la déchéance l'envahissait.

Édith ne gémissait pas sur son sort. Elle entreprenait, inconsciemment, un travail de sape sur elle-même, pour se détacher sans souffrance, et le plus égoïstement possible, de cet homme qu'elle n'avait pu s'attacher. Charles, lui, planait déjà sur les neiges éternelles, préparait toujours son équipement pour les sports d'hiver :

« J'ai réservé les chambres d'hôtel pour tout le monde, et même les places dans le train.

— Formidable, Charles ! » lui accordait Édith, en lui tournant le dos aussitôt après.

L'hiver arriva. Entre-temps, Édith avait enregistré *Les Amants,* mais à cause de sa voix encore irrégulière le disque fut médiocre. Avec Vassal, nous désertions un peu le boulevard Lannes, car Édith, ayant décidé de parfaire sa culture, nous traitait avec mépris, comme des analphabètes. Elle avait décrété que tous nous devions lire, comprendre, apprendre par cœur, Teilhard de Chardin. Assise sur son divan, droite comme une institutrice, Édith nous ânonnait *Le Phénomène humain.*

L'horreur que nous ressentions, lorsqu'elle nous réunissait en demi-cercle pour ces séances culturelles, est indicible. Il fallait écouter, s'extasier, en réclamer encore. Personne ne comprenait un mot de ces textes philosophiques, qu'Édith nous lisait en ignorant la ponctuation. Mais malheur aux bâilleurs, aux distraits, aux dormeurs ! Elle ne pensait plus qu'à travers son auteur chéri et ne cessait à tout moment de nous seriner : « Comme le dit Teilhard de Chardin... », « Comme l'a si bien écrit Teilhard de Chardin... » Le supplice prit fin un après-midi, vers 17 heures, quand Figus, pour se venger, dit après avoir consulté sa montre :

« *Five o'clock !* Si nous prenions un "teilhard" dans le "chardin" ?

— Con ! » répliqua Édith.

L'auteur de la *Genèse d'une pensée* regagna sa niche dans la bibliothèque...

La date exacte du départ d'Édith pour les sports d'hiver, je l'ai complètement oubliée. C'était vers la mi-janvier 1962. Je me souviens être allé l'embrasser la veille de son voyage. Elle avait eu un regard morose pour l'équipement de ski qui étalait ses couleurs vives sur le couvre-lit de satin bleu. Ce que je me rappelle parfaitement bien, c'est son appel le lendemain soir.

« Avez-vous beau temps ? lui avais-je demandé poliment.

— Pourri. Il pleut des cordes.

— À Paris aussi, et en plus il fait froid.

— Je sais. Je suis à Paris. »

Moins d'une heure plus tard, j'étais boulevard Lannes. Au visage crispé de Danielle, à la démarche furtive de Christiane, au regard consterné de Figus, je compris que Madame n'était pas à prendre avec des pincettes.

« Que se passe-t-il ? »

Prudente, Danielle ne me répondit pas, trottina devant moi, ouvrit la porte et me fit passer dans le salon. Le cheveu hérissé, le regard belliqueux, Édith m'attendait en tricotant rageusement. Les trois baisers échangés, je m'installai près d'elle. Dans le boulevard, les poids lourds passaient dans un vacarme continu de *Panzer* envahissants, faisant trembler murs et vitres, remplissant l'air de leurs grondements, fonçant résolus *nach* les Halles.

Édith tricotait toujours. Était-ce le fait de ne plus être seule, d'avoir quelqu'un sur qui déverser son amertume, elle se calmait graduellement, soupirant à fendre l'âme. Enfin, elle jeta sa pelote de laine, ses aiguilles et son tricot par terre.

« C'est fini ! » siffla-t-elle.

Voyant que je ne posais aucune question, elle me décocha un regard pour évaluer mon intérêt, puis elle reprit presque d'une traite :

« Charles est parti. Tout seul. Nous devions prendre le train ce matin. Je l'ai réveillé cette nuit à 2 heures, lui demandant de venir me voir sans perdre de temps. Il est venu. D'assez mauvaise humeur, je dois dire. Je lui ai annoncé que j'avais changé d'avis à la dernière minute, que je ne voulais plus aller à la montagne, que je voulais rester à Paris pour travailler, que j'avais autre chose à faire que des glissades sur la neige.

« Charles était furieux. Il s'est entêté à partir, prétextant qu'il était crevé, qu'il avait besoin et de repos et de vie régulière. Je lui ai mis les points sur les "i" : s'il allait skier, il ne remettrait plus les pieds à la maison.

« Il a réfléchi un petit moment, puis, sans un mot, il s'est levé et il est sorti. Ce matin, j'ai demandé à Danielle de téléphoner chez lui : on a répondu que monsieur était parti aux sports d'hiver. Pour deux semaines ! Désormais, M. Dumont est rayé de ma mémoire. Je ne veux plus entendre prononcer son nom chez moi. Jamais plus. »

J'aimais bien Charles. Certes, il n'était pas sans défauts : certains lui reprochaient un penchant vers la radinerie, d'autres, plus nombreux, lui en voulaient d'avoir la dent dure. C'était oublier un peu trop vite que, si Édith avait pu retrouver cette force morale qui lui avait permis de remonter sur scène, c'était à lui qu'elle le devait. À lui qui, durant un certain temps, avait su exercer son autorité, l'influencer et écarter les mauvais conseillers.

Je savais que, le couperet de la disgrâce tombé, plus personne boulevard Lannes n'interviendrait en sa faveur. Chacun s'appliquerait consciencieusement à le dénigrer, le ridiculiser, le discréditer, pour se faire bien voir de la Patronne. De tout temps, ce fut le rôle des courtisans, et il n'y en eut pas que chez Piaf.

Sans mérite particulier – je n'étais ni compositeur, ni auteur, ni musicien, ni chanteur –, donc je n'attendais rien d'Édith qui pût m'inciter à la mollesse morale, je pouvais intercéder pour Charles sans courir de risques plus graves qu'une éclipse dans son amitié.

« C'est dommage, Édith, je vais bien regretter Charles, dis-je. Il était une des rares personnes de votre entourage qui fût sincère avec vous.

— Personne ne l'a obligé à skier.

— Évidemment, Édith, mais convenez que jusqu'à la dernière minute vous lui avez laissé croire que vous étiez du voyage. Vous le réveillez en sursaut, vous lui dites : "Contrordre, on ne bouge plus." Avouez qu'il y a de quoi écumer, non ?

— Non ! fit Édith avec une mauvaise foi inégalable. S'il avait été intelligent, s'il s'était renseigné, il aurait su que je hais la montagne, la campagne, la mer, les rivières, tout ! Je n'aime que l'air de Paris !

« Qu'il aille bronzer, qu'il aille au diable, qu'il reste auprès de sa femme et de ses enfants, qu'il parte en week-end, qu'il paie ses impôts ! Sa façon de vivre n'est pas la mienne et ne le sera jamais !

— Ce sont vos affaires, Édith. Moi, je persiste à dire que c'est dommage.

— Quoi dommage ? Qu'est-ce que je perds ? Un monsieur qui n'est jamais là quand j'ai besoin de lui ; un monsieur qui ne veut avoir que les avantages du métier d'artiste ; un monsieur qui mène bien égoïstement sa vie, qui vient et part quand ça l'arrange ; un monsieur qui préfère faire vroum-vroum avec sa voiture de course plutôt que de rester près de moi ! Vous trouvez que c'est une perte, un type comme ça ?

— Vous êtes injuste. Charles n'est pas comme ça. Vous savez très bien le temps qu'il a passé ici, près de vous. Et maintenant, qu'allez-vous faire ?

— Maintenant ? Je vais recommencer à être seule, je vais me retrouver les yeux ouverts à longueur de nuit, avec mes paniques, mes angoisses. Et attendre que le jour se lève pour dormir. »

Édith avait la rancune tenace. Et comme ceux qui l'entouraient se déployaient pour l'entretenir, le boulevard Lannes devint zone interdite à Dumont.

Dès son retour de la montagne, début février, Charles téléphona, chaque jour, matin et soir. En vain. Inexorable, respectant les consignes, la voix mielleuse de Danielle lui répondait : « Édith dort », « Édith est fatiguée », « Édith est sortie », « Édith est souffrante », « Édith se repose ».

Le quatrième jour, excédé, mais aussi peiné, Charles débarqua chez Piaf. Quand Danielle, qui lui ouvrit la porte, l'aperçut, elle eut un hoquet de stupeur désolée. Aussitôt, elle bredouilla en agitant ses petites mains potelées :

« Oh ! Édith ne pourra pas vous recevoir, Charles... Elle m'a ordonné de ne la déranger sous aucun prétexte. Vous la connaissez, Charles : si je lui désobéis, elle va m'incendier.

— Comment va-t-elle ? demanda Charles sur le pas de la porte.

— Elle dort, Charles. Profondément. »

Au même moment, du salon, lui parvint, tonitruante, la musique d'un disque que l'on passait à pleine puissance. Le vacarme dura quelques secondes, puis il diminua. L'électrophone jouait un disque de Ray Charles. Toujours planté sur le paillasson, Charles eut un petit sourire.

« Dites à Édith de baisser le son, suggéra-t-il, sinon elle va se réveiller. »

La bouche de Danielle, bien maquillée, s'agita, mais aucune parole n'en sortit. L'embarras de la secrétaire était pitoyable à voir. Elle se dandinait d'un pied sur l'autre, ne sachant comment se défaire de Charles. Dans son regard, il y avait un mélange de reproche et de supplication. Elle semblait dire, sans oser l'exprimer : « Vous connaissez bien la maison, Charles. Alors, pourquoi vous incruster, me mettre mal à l'aise, me faire risquer la colère d'Édith ? »

C'est Figus qui la tira de cette situation désagréable. Il déboucha soudain dans l'entrée, venant du salon, les cheveux plus frisés que jamais, moulé dans un pantalon de velours sombre. Il s'apprêtait à foncer vers la cuisine pour y dévorer un fruit, quand l'apparition de Dumont le cloua sur place. Une brève panique flotta dans ses yeux. Un court moment, il se demanda si le proscrit allait le frapper ou l'insulter. Charles était trapu et solide. Claude était mince et fluet. Mais le sourire narquois de Dumont le rassura, et Figus retrouva son aplomb. Il s'approcha de la porte, écarta Danielle qui s'évapora dans la cuisine. Une expression abattue se répandit sur le visage de Figus.

« Mon pauvre Charles, fit-il d'un ton empreint de compassion, qu'as-tu fait là…

— Qu'est-ce que j'ai fait ? grommela Dumont.

— Ton voyage, Charles, ton voyage ! Édith ne te le pardonne pas. Si tu savais ce que j'ai pu parler de toi, lui dire qu'elle avait tort de refuser de te voir ! Mais tu connais Édith, quand elle a pris quelqu'un en grippe, c'est difficile de la faire changer d'avis.

— Je sais, trancha Charles. Bien, puisque je ne peux pas la voir, dis-moi au moins si elle se porte bien.

— Elle est…, elle est miraculée. En pleine forme. Heureuse de nouveau. Écoute, proposa Figus, après avoir fait semblant de réfléchir, écoute : je vais faire une dernière tentative en ta faveur, ce soir même, et je te téléphone demain. En attendant, ne reste pas là. Si elle te voyait ça ferait un drame.

— Mais je n'ai pas peur.

— Je sais, mais ne me complique pas la tâche. Compte sur moi.

— C'est ça, dit Charles, sans illusions, je vais compter sur toi. »

Avant que la porte ne se refermât, il eut le temps de voir passer rapidement un grand garçon brun, au teint pâle, habillé tout en noir. L'inconnu tenait la théière d'Édith à la main. La porte claqua. Dumont haussa les épaules. Il avait presque compris.

2

Pendant près de deux mois, je vis très peu Édith.
Avec elle, c'était ainsi. Aux longues périodes de rencontres incessantes – pendant lesquelles nous étions
inséparables et complices –, succédaient de longs
moments d'absence. À croire que gavés l'un de l'autre,
nous nous écartions, sans préméditation mais instinctivement, afin de ne pas nous lasser. Je crois que
l'amitié aussi redoute l'abondance et que ces petits
jeûnes nous étaient salutaires, nous permettaient des
retrouvailles chaleureuses.

Chaque fois qu'Édith se tenait tranquille – ne chu-
tait pas, ne ressuscitait pas –, le journal en profitait
pour m'expédier avec Vassal sur d'autres terrains de
chasse. Nous connûmes ainsi des safaris grandioses ;
nous chassâmes la Bardot, poursuivîmes le Bécaud,
nous traquâmes l'Aznavour, nous piégeâmes la
Soraya. Nous fîmes des haltes aux mariages princiers
et royaux, où nous apparaissions, avec nos nœuds
papillons tout faits et nos smokings démodés. Parfois,
à toutes ces splendeurs, s'entremêlaient, entre deux
battues, des drames humains. Nous métamorphosions
alors, grâce à nos vues poétiques de l'existence, à
notre manque de conscience professionnelle, à notre
détachement de la vérité, des meurtres sordides et cra-
puleux en délicieux crimes passionnels : l'abominable

91

prostituée se transfigurait en orpheline naïve et vierge ; le gigolo alcoolique devenait un timide fils d'aristocrate, dont les parents s'opposaient au mariage avec une roturière. Conclusion : il perforait sa bien-aimée avec des chevrotines, puis se révolvérisait. Le carnage final était la preuve d'amour suprême. Je décrivais du sang, Hugues photographiait des cadavres. Il fallait vivre. Passons.

Tous ces voyages, tous ces reportages avivaient en nous la nostalgie d'Édith. Oui, nous avions hâte de la retrouver. Le boulevard Lannes c'était le bout du monde, le salon une planète à part où tout gravitait autour d'elle, où toutes les convulsions de la terre étaient ignorées, effacées. La guerre pouvait faire rage en Algérie ou au Viêt-nam, Cuba pouvait menacer la paix, les tremblements de terre, les grèves, les déraillements, les revendications de salaires, le racisme pouvaient prendre un rythme croissant, tout nous laissait indifférents. Avec inconscience, nous n'étions sensibles qu'aux battements de son pouls, nous n'étions inquiétés que par ses peines de cœur.

Mais notre directeur n'avait que faire d'une chanteuse réaliste en bonne santé.

Aussi, en mars, lorsque Édith, à la suite d'un coup de froid attrapé dans sa chambre – elle dormait la fenêtre ouverte, me confia Danielle –, se retrouva de nouveau en clinique, à Neuilly, sous une tente à oxygène, le journal nous rappela d'urgence de province et nous y expédia dare-dare.

Il y avait déjà trois jours qu'elle avait été hospitalisée, le visage congestionné, suffocante. Les nouvelles qui se chuchotaient et les indiscrétions qui circulaient sur son compte étaient alarmantes : double broncho-pneumonie. Personne, dans la presse, ne savait où elle avait été transportée, excepté nous, qui disposions de complicités dans la place forte du boulevard Lannes.

« C'est ici, m'indiqua Vassal. Cette fois-ci, j'en suis sûr. »

Je garai ma voiture. La grande avenue élégante, bordée d'arbres et d'immeubles modernes où l'acier, la pierre de taille, le verre s'entremêlaient joyeusement, afin d'ôter toute illusion de style, était calme et déserte. La clinique avait une façade étroite et blanche. Avant de pousser la porte vitrée, je me retournai vers Vassal qui me suivait à deux pas, comme une épouse arabe, surchargé de deux sacs bourrés d'appareils photographiques, flashes, téléobjectifs, pellicules, chiffons. La moitié de son matériel était hors d'usage.

« Tu es sûr que c'est bien ici ? lui demandai-je.

— T'es rédacteur, tu sais lire ? »

La plaque de marbre indiquait : « Clinique Hartman ». Nous étions à la bonne adresse. La raison de ma méfiance était motivée par le fait que nous avions fait irruption, quelques minutes auparavant, dans une autre clinique – Neuilly en est truffé – où nous avions révolutionné la réception en demandant Mme Piaf. Troublée, la réceptionniste avait vainement compulsé ses registres, convoqué une collègue, puis appelé la directrice qui nous avait éconduits vertement, en crachant :

« Mme Piaf n'est pas ici. Vous êtes dans une maternité. »

Dès que nous pénétrâmes dans la clinique Hartman, nous sûmes, avec Hugues, que nous ne nous étions pas trompés. Le rire d'Édith se répercutait, tonitruant, dans le hall d'entrée.

93

« Elle est au deuxième étage », nous dit une femme en blouse blanche d'une voix acide. Et elle ajouta, avant que nous n'atteignions l'ascenseur : « Veuillez demander à Mme Piaf, une fois de plus, de cesser ce vacarme. Il y a des malades ici, c'est une clinique ici, et tout le monde se plaint de son tapage. » Édith n'était pas seule à provoquer un tel potin. Deux voix (j'en reconnus une, celle de Figus) se mêlaient à la sienne. Il nous fallut bien admettre que cela constituait une cacophonie insupportable de rires, d'éclats de voix, de paroles confuses, de bribes de chansons, qui se déversaient dans les étages. Sortis de l'ascenseur, avec Vassal nous embouchâmes un couloir long et clair. Les rares infirmières que nous croisions, devinant qui nous allions voir, nous décochaient des regards excédés ou malveillants.

Je dus marteler longuement la porte avant que de l'intérieur Figus lançât un « Entrez ! » sonore et joyeux. Nous entrâmes. L'agonisante était, une fois de plus, ressuscitée. Édith se tenait assise sur son lit étroit, métallique et blanc, avec un plateau sur les genoux, qui supportait une théière, une tasse, une bouteille de champagne et deux coupes. Elle n'était pas seule sur son lit : assis en tailleur, deux garçons lui faisaient front ; l'un était Claude Figus ; le second, en pull-over à col roulé et pantalon noirs, lui souriait béatement. Dès qu'elle nous aperçut, piqués sur le pas de la porte, Édith éclata de rire. « Il ne manquait plus que vous ! » fit-elle. Puis elle procéda aux présentations.

« Voici Théo Sarapo. Désormais, il sera mon deuxième secrétaire. Comme il a son bachot, il épluchera le courrier et y répondra ; Figus s'occupera du téléphone et de mes rendez-vous, comme avant. Vous voyez, je m'organise. »

De la tête, nous appréciâmes. Alors Édith se tourna vers Sarapo et elle eut pour lui ce sourire séraphique, possessif, de femme éprise, que nous lui connaissions bien :

« Théo, je te présente mes journalistes préférés. »

Nous nous serrâmes la main. Celle de Sarapo me parut molle et moite. Pourquoi le nier ? À cet instant précis, Vassal et moi n'éprouvâmes aucune sympathie pour lui. Son visage aux traits lourds, ses cheveux noirs volontairement ébouriffés, ses lèvres épaisses, son regard satiné, son corps potelé, sa voix nasillarde, lorsqu'il nous dit : « Enchanté de vous connaître », nous déplurent. Tout en lui était trop doux, trop gentil, trop attentionné. Sa bonté nous paraissait tellement flagrante, à la lisière de la servilité, qu'elle nous devint aussitôt suspecte. Bien sûr, cela ne nous regardait pas. Mais les affaires de cœur d'Édith étaient devenues nos affaires, parce que nous l'aimions beaucoup, parce que aussi, bizarrement, nous étions tous un peu jaloux lorsqu'un inconnu surgissait et nous l'accaparait.

Pour l'heure, c'était Théo qu'Édith accaparait. Il était déjà garrotté par l'admiration, entravé par l'enthousiasme. Il ne savait pas que sa passion toute fraîche allait le mener sur la route de l'esclavage sentimental. Vassal et moi avions du mal à déterminer si cette admiration, qui se lisait dans ses yeux noirs, était exagérée, sincère ou fausse. Mais elle était évidente et Édith s'en repaissait, faraude, que ses quarante-sept ans, décharnés et usés, suscitassent encore tant d'amour dans l'âme naïve d'un jeune Grec de vingt-sept ans.

« Quelle idée avez-vous derrière la tête ? » nous demanda Édith en se calant bien contre ses oreillers.

Dans ces cas-là, j'étais le préposé aux explications et elles se devaient convaincantes. Mais là j'étais désorienté, et Hugues, consterné, était tout aussi embarrassé que moi. La consigne du journal était précise : il fallait ramener une photo, un document ! Édith campant sous sa tente à oxygène. Or, sa guérison si prompte et si inattendue gâchait tous nos plans. Édith m'avait écouté attentivement, les sourcils froncés, calculant si le reportage que nous lui proposions était bon ou nuisible à sa publicité. Dans ce genre d'estimation, elle était infaillible, ne se fiant à personne, n'écoutant que son instinct d'artiste, que sa connaissance prodigieuse du goût du public. Donc, Édith réfléchissait. Personne dans la petite chambre ne soufflait mot. Figus avait ce visage vide d'expression propre aux courtisans qui attendent le verdict du souverain, afin de ne pas se trouver piégé à contre-courant. Sarapo, lui, néophyte dans ce genre de tractations, nous regardait éberlué, ne comprenant rien à ce commerce. Quant à Vassal et à moi, nous retenions nos respirations dans l'attente du verdict.

« C'est bon ! fit Édith avec un air rusé de maquignon. Mais je ne veux pas de photo aujourd'hui. Je suis trop fatiguée. [En réalité, elle voulait se retrouver seule avec ses deux compagnons.] Revenez demain vers 13 heures. Je demanderai qu'on me réinstalle la tente à oxygène.

— Merci, Édith, dis-je soulagé.

— Merci, Édith », fit Vassal, reconnaissant.

L'un après l'autre, nous l'embrassâmes, puis nous serrâmes les mains de Théo et Claude. En refermant la porte, Édith nous avait déjà oubliés. Son regard ne voyait plus que Théo. Pour elle, nous étions déjà loin. Inexistants.

Dans l'avenue, pendant que nous marchions vers la voiture, Vassal me demanda :

« Qu'en penses-tu, de ce Sarapo ? »

L'analyse rapide constitua toujours mon point fort.

Aussi, avec assurance, lui répondis-je :
« Il ne fera pas de vieux os boulevard Lannes… »

La séance de photo n'eut pas lieu. Quand, à l'heure convenue, avec Vassal, nous revînmes à la clinique, la réceptionniste nous annonça avec un sourire fielleux : « Mme Piaf n'est plus chez nous. Elle a été renvoyée, elle et sa clique. »
Personne ne pourra imaginer notre déconvenue. Qu'allions-nous dire au journal ? Pourquoi avait-elle été chassée ?
« Et où est-elle maintenant ? » maugréa Vassal.
Nous retrouvâmes Édith tout simplement chez elle. Dans son lit. Avec Figus et Sarapo toujours assis en tailleur. Avec son plateau sur ses genoux, et sa théière, et sa tasse. Avec sur le visage une expression vent debout, ruminant l'affront qu'on lui avait fait subir.
Avant même que je n'ouvrisse la bouche, son explication fusa, déversant toute sa fureur.
« Clinique de cons ! » débuta-t-elle.
Alors, elle nous révéla le motif de son expulsion. La veille, en fin d'après-midi, un ami de Figus était arrivé à la clinique. C'était un garçon d'une vingtaine d'années, pas très grand, brun et vif, compositeur et accordéoniste, à l'accent niçois. Il s'appelait Francis Laï.
Claude, qui masquait habilement, sous un aspect rieur et insouciant, des aspirations de stratège en chambre, s'échinait à faire table rase de tout souvenir de Dumont, à éviter son retour éventuel. Il entreprenait, patiemment, de poser ses pions dans le nouvel entourage d'Édith.
Sarapo, pour qui il éprouvait une amitié trouble, était son premier pion. Théo, aussi, appartenait à cette

97

cohorte de relations pittoresques que Claude entretenait dans les ruelles de Saint-Germain-des-Prés.

Très malin, Figus avait compris une chose essentielle : pour maîtriser Édith, il fallait disposer de son cœur et accaparer son travail. Théo ferait main basse sur le premier ; Francis se chargerait du second. Ni l'un ni l'autre, subjugués par la personnalité de Piaf, ne soupçonnèrent la manœuvre de Figus.

Le plus surprenant dans le comportement de Claude, ce fut la motivation, jamais dictée par l'intérêt. Ce que nous découvrîmes, avec Vassal, ce fut l'amour insensé, maladif, presque malsain, mais assurément sincère, que Figus ressentait pour Édith. Vivant dans son ombre, il souffrait d'être confiné au rôle d'homme à tout faire, de tête de Turc, de confident, de bouffon. Je n'ai jamais su d'où il venait. En revanche, j'appris qu'à quinze ans, déjà, il rôdait dans les coulisses des music-halls où Édith chantait. La chanteuse et le monde de la chanson l'éblouissaient. À défaut de pouvoir devenir artiste, il vivait dans le sillage de la vedette, que sa drôlerie avait conquise.

C'est lui – tout le monde le savait – qui procurait à Édith les drogues et les médicaments néfastes qui la dégradaient. Il savait pertinemment, et cela le submergeait de remords, qu'en agissant ainsi il la tuait lentement ; mais il ne sut jamais résister à ses larmes, à ses suppliques. Figus lui céda tout. Un scorpion amoureux.

Chaque fois qu'Édith aima, peu ou beaucoup, Claude souffrit énormément, mais il préféra le martyre plutôt que de la perdre.

Par moments, l'existence lui offrait des revanches et des consolations. Les revanches, il les vécut lors de chaque rupture. Celle de Dumont lui fut particulièrement agréable. Charles, lors de son règne, ne ménagea, à Figus, ni sarcasmes ni rosseries. Homme du

Midi agricole, Dumont n'aimait pas les insectes parasitaires. Aussi, quand il fut répudié, la langue de Claude, qui savait être spirituelle mais vipérine, déversa tout ce qu'elle avait contenu si longtemps de venin. La consolation, il crut la déguster en installant boulevard Lannes ceux qu'il considérait comme ses protégés, ses redevables.

Francis Laï était donc entré dans la chambre de la clinique Hartman. Il y eut les présentations, puis les plaisanteries habituelles. Enfin, Édith lui demanda avec cet air sérieux qu'elle prenait quand il s'agissait de travail :

« Montrez-moi ce que vous savez faire. »

Francis déploya son accordéon et joua. Même en sourdine, un accordéon dans une clinique, s'il risque de réveiller les morts, empêche à coup sûr les malades encore vivants de reposer. Il y eut un concert de lamentations, puis de protestations, enfin des imprécations. « Jouez, jouez », insistait Édith concentrée. Francis, docile, obéit. Les infirmières galopaient dans les étages, telles des vachettes effarouchées ; les malades appuyaient à répétition sur leur sonnette. On mit en garde Édith, on la menaça. En vain : « Jouez plus fort ! » ordonna-t-elle. De nouveau, Francis s'exécuta. Alors, l'indignation collective submergea la clinique tel un raz de marée. Et ce fut l'expulsion.

À la fin de son récit, qui me rappelait *Les Beaux Draps* de Céline, Édith se tut. La colère avait rosi ses joues, son regard bleu avait viré au gris. Elle nous toisa :

« Qu'est-ce qu'on leur en a fait baver ! » dit-elle.

Et elle se mit à rire.

Il était clair que le garçon vêtu de noir qui séjournait boulevard Lannes deviendrait, tôt ou tard, un protégé d'Édith, et même plus. Au journal, on nous recommanda, à Vassal et à moi, de veiller au grain. Aussi, chaque jour, l'un ou l'autre faisait une incursion chez Édith pour surveiller l'évolution de la situation. Nous guettions le moment où elle nous annoncerait avec fierté : « Théo a une jolie voix, je vais en faire un chanteur, le lancer. » Nous savions d'avance que ces mots-là correspondraient à une déclaration d'amour, car c'était ainsi qu'Édith présentait invariablement ceux qui avaient su l'attendrir. Question de temps.

En attendant, Théo avait pris ses nouvelles fonctions dans l'appartement et il bénéficia, d'entrée, de toutes ces marques de respect que l'on témoigne au futur patron. Danielle virevoltait autour de lui, comme une mouche, anxieuse qu'il pût manquer de quoi que ce soit.

Christiane avait transmis à sa mère, Suzanne, quels étaient les plats préférés de M. Théo. Rien de bien compliqué : Édith avait décrété, pour lui, grillades, jambon, salades, fromages maigres, fruits. Théo devait maigrir. Déjà, les paupières mi-closes, elle l'observait à l'abri des cils, le jugeant, l'imaginant sur scène. Ces regards-là ne nous dupaient pas.

Selon ses habitudes, Édith respecta les formes. La première tâche de Théo consista à la coiffer, et il le fit très bien, avec beaucoup de goût, retrouvant les gestes précis de son premier métier (coiffeur pour dames) dans le salon que son père, M. Lamboukas, dirigeait à La Frette-sur-Seine, une ravissant petite commune proche de Paris.

Entre deux coups de peigne, Théo répondait au courrier – et celui d'Édith était important, puisqu'elle recevait, en moyenne, une cinquantaine de lettres par jour. La grande majorité se composait de solliciteurs qui exposaient à Édith des cas humains tragiques, généralement des enfants gravement malades, quasiment mourants, que seul l'argent de Piaf pouvait maintenir en vie. Aucune statistique officielle ne révéla combien les jeunes générations de ces années-là furent d'une fragilité de verre.

Édith donnait. Selon son humeur. Selon ses finances. Fortunée ou désargentée, elle faisait envoyer, chaque mois, par Loulou, des enveloppes à six vieux qu'elle entretenait. Elle donnait même à un clochard de luxe qui venait sonner, trois fois par semaine, à sa porte. Danielle s'efforçait bien de le rembarrer, mais lui, impavide dans ses loques, sûr de son compte, traitait la secrétaire comme sa bonne, élevait la voix avec arrogance, criait du pas de la porte : « Édith, je suis là ! La garce veut rien me donner. »

Si Édith entendait, elle donnait dix mille francs anciens, chaque fois, ce qui en 1962 – et même avant – assurait de sacrées bitures. Il empochait ses billets, rajustait son chapeau, et criait :

« Merci ma copine, et à bientôt. J'espère que tu pars pas en tournée...

— T'inquiète pas, le rassurait-elle en riant, je reste rien que pour toi. »

Le destin de Sarapo fut fixé en avril. Un après-midi, je me trouvais au salon avec Édith, Théo et Figus, lorsqu'on sonna. Comme toujours, elle tendit l'oreille et attendit. Précautionneuse, presque craintive, Danielle entra, s'approcha, se pencha vers Édith et lui annonça à voix basse, mais pas suffisamment cependant, pour que tout le monde pût entendre : « C'est Dumont. »

Les regards de Figus et Sarapo convergèrent vers Édith et la fixèrent intensément. Pendant qu'elle réfléchissait, Claude s'efforça de plaisanter et fredonna : *« Halte-là ! Halte-là ! Halte-là ! le montagnard est là.* » Un seul regard d'Édith le fit taire. « Qu'il entre », décréta-t-elle.

Charles apparut. Pour la première fois depuis plus de deux mois, il remettait les pieds dans ce salon qui avait vu naître sa célébrité, qui avait transformé sa vie, et, visiblement, il était ému. Il s'avança vers elle, qui l'observait le regard hermétique, ne sachant s'il devait l'embrasser, lui serrer la main, ou ne rien faire du tout. Elle vint à son secours.

« Alors, on n'embrasse plus ? lança Édith. On fait la gueule ? On fait des fugues ?

— Mais non, pas du tout… » bafouilla Charles qui comprit que cette mauvaise foi signifiait son pardon.

Ils s'embrassèrent. Puis, dès qu'il se redressa, Édith lui dit avec une lueur d'orgueil :

« Je te présente Théo Sarapo. Un chanteur ! »

Voilà, l'aveu était lâché. Théo fut celui qui sursauta le plus, puis il rougit violemment mais ne dit rien. Édith en avait décidé ainsi : exécution.

Je fus le premier – que l'on me pardonne cette vanité bénigne – à annoncer la nouvelle, et à partir de là tout le monde commença à se creuser la tête pour essayer de comprendre ce qui pouvait bien rapprocher cette femme au visage torturé par les malheurs, pitoyable silhouette, et cet homme de vingt ans plus jeune qu'elle, sans malice, que rien ne semblait prédestiner à ce rôle de consort.

C'est, je crois, dans l'opposition de leurs caractères que l'on peut trouver, peut-être, l'explication.

Édith avait une âme forte. Sa nature refusant l'échec, tout devait plier, se soumettre : et les hommes, et son métier, et la maladie. Même la mort recula longtemps devant sa volonté… Mais, quitte à

102

me répéter, à mesure que le temps sapait ses forces, elle devint de plus en plus un être solitaire, et cet abandon affectif constitua sa faiblesse. Quand Théo apparut dans sa vie, peu d'hommes en ce temps auraient accepté de partager son existence, auraient été capables de supporter ces tempêtes qui s'abattaient avec une violence grandissante sur sa santé, qui la diminuaient moralement, qui la dégradaient physiquement.

Il fallait l'aimer, l'admettre, la soigner, et par-dessus tout endurer ses exigences, ses caprices, ses furies.

Théo fut cet homme-là. Inespéré. Son caractère était fragile et manquait de consistance. Il était faible, sans aucun doute, et il avait besoin d'une femme autoritaire, volontaire, comme le fut Édith, pour l'aiguillonner. En retour, elle trouva en lui une gentillesse, une patience, une vigilance absolues et constantes. Il était pour elle l'amour de la dernière chance. Elle fut pour lui la chance tout court. L'une boitait du cœur, l'autre boitait de la tête : à eux deux, ils pouvaient faire un bout de route ensemble, en marchant droit.

Avant le départ, qui eut lieu en juin, pour la maison de campagne de Loulou Barrier où Édith comptait achever sa convalescence après sa double bronchopneumonie, il y eut un incident qui provoqua la première brouille entre Édith et Marguerite Monnot. Le responsable, me dit-on, fut un ami de la compositrice, Paul, un bellâtre stupide, qui reprocha à Édith d'avoir écarté professionnellement celle qui fut sa compositrice préférée pendant des années.

Dumont était rentré en grâce. Édith avait passé l'éponge sur la déception qu'elle avait ressentie lorsqu'en partant pour la montagne Charles avait manifesté son indépendance. En refusant sa tutelle, Dumont avait gagné l'estime d'Édith : il n'avait rien perdu au change. Et puis, elle aimait bien Charles. Et puis, elle avait besoin de lui, de ses chansons. Et puis, tôt ou tard, elle pardonnait toujours.

On aurait pu craindre que Théo ne s'offusquât du retour de Dumont, qu'il ne vît en lui un trouble-fête. Il n'en fut rien. Je crois bien que ces inquiétudes ne l'effleurèrent même pas. Théo avait une nature aimable, dénuée de jalousie et de suspicion. Il vivait avec Édith un beau rêve, rien n'aurait pu le réveiller. Quant à Figus, il n'avait qu'une seule chose à faire : se taire.

Tout recommença, entre Édith et Dumont, comme avant.

Chaque après-midi, au volant de son spider rouge si joli, si rapide, et qui me faisait tellement envie, Charles reprit la route de Houdan. Avec Vassal, nous en faisions autant, mais plus lentement, car les deux chevaux de la Citroën de Hugues étaient bons pour l'abattoir. De plus, voiture capricieuse, comme bien des vieillards, elle faisait une consommation goulue d'huile. Aussi dès que Vassal, pied au plancher, atteignait les soixante kilomètres-heure, une jolie fumée bleutée, un peu asphyxiante, nous dérobait à la vue des autres, mais contrariait également notre visibilité. Nous progressions lentement, en bavardant. Parvenus devant la maison de Barrier, Hugues coupait le contact, ramassait son sac d'appareils, et nous abandonnions la carcasse bouillante qui continuait à tressauter derrière nous. « Elle fait de l'auto-allumage », me répétait Vassal tous les jours.

Sur la pointe des pieds, nous entrions dans le salon aux poutres apparentes, aux rideaux en vichy, où se trouvait un piano. Un nouveau personnage était devenu le patron du clavier. Il avait vingt-sept ans, je crois, des cheveux châtains plaqués avec une raie latérale, à l'ancienne, une petite moustache fine, un costume bleu marine et une cravate. Il s'appelait Noël Comaret. Lui aussi avait été un ami de Figus. Donc, Noël au piano, Francis à l'accordéon, Édith répétait son tour de chant, car Loulou lui avait décroché une série de récitals sur la Côte d'Azur en août. Avec elle, tout se passait bien, et chaque jour on pouvait constater des améliorations stupéfiantes dans sa voix.

Le climat se gâtait quand Théo répétait à son tour. Il faut dire qu'au début ses séances de travail furent un supplice collectif, et pour lui, et pour nous qui l'écoutions. Mais, bien sûr, Théo pâtissait davantage. Pendant qu'il essayait de chanter, avec Loulou, Charles et Hugues, nous échangions des regards affligés. Nous étions certains que le pauvre Théo n'était pas doué pour le métier d'artiste, qu'il ne parviendrait jamais à ancrer dans sa tête un tour de chant de cinq chansons, qu'il ne saurait jamais se tenir sur une scène.

Une seule personne ne partageait pas nos certitudes : Édith. Elle s'était mis dans la tête que Théo débuterait en août. Le malheureux traînait ses notes comme des boulets de bagnard. Ce n'était pas la première fois qu'Édith formait un chanteur, plusieurs noms célèbres étaient accrochés à son palmarès. Mais elle n'avait jamais eu affaire à un débutant comme Théo.

Parce qu'elle l'aimait, elle avait pour lui une patience quasi maternelle. Mais les mamans, aussi, s'énervent parfois et administrent des taloches. À bout de nerfs, à force de répéter les mêmes conseils, Édith explosait avec cette soudaineté, cette violence qui lui étaient caractéristiques, qui la rendaient redoutable. « Non ! Non ! Non ! Mais tu es bouché ? Mais qu'est-ce que tu as dans la tête ? Des choux-fleurs ? Mais tu es crétin ou idiot ? » Sous les rafales d'injures, Théo courbait la tête, comme le font les marins pour éviter les embruns. « Recommence ! » tonnait Édith, le regard flamboyant.

Le cœur battant, assis dans la pénombre, tous nous priions pour lui, pour qu'il ne renouvelât pas la même erreur. Mais non, tête de linotte, Théo rechutait dans le piège de la chanson : « ... *mon fusil en bandou-yèèè-re...* ».

« Con ! l'interrompait Édith, mais tu le fais exprès ? On ne dit pas "ouyère". Pour la centième fois, pour la millième fois, pour la dernière fois, on dit "ban-dou-liè-re". Il n'y a qu'un seul "l".

— Comme dans cheval ! » glissait Francis.

La boutade ramenait toujours le calme, mais c'était très provisoire. Parfois, en cachette, Dumont se penchait vers moi et chuchotait : « Ce qu'elle fait avec Théo est un défi à la logique. » Je partageais son avis. « Le Grec », comme on l'appelait, était mauvais. Il se dandinait près du piano, tel un gros ours noiraud ; il employait ces gestes désuets, typiques des chanteurs américains de l'avant-guerre – celle de 14-18 ; Théo écartait les pieds comme s'il enjambait un ruisseau ; il écartait les bras exagérément, mains ouvertes, crucifié par Piaf, effigie de la désolation...

Loulou Barrier était de marbre. Debout contre le mur, en chemisette de week-end, les mains dans les poches, il regardait résigné, rodé aux foucades d'Édith. Certainement, à ce moment-là, devait-il se demander comment parvenir à vendre le produit

106

Sarapo aux directeurs de salles. Au début il lui suffirait de préciser : « Édith y tient beaucoup », pour enlever les contrats. Mais après ? Par instants, il levait les yeux au ciel, paraissant adresser une prière muette aux nuages. Quand Édith lui demandait son avis, il répondait imperturbable :

« Pas mal... Pas mal du tout.

— Tu vois ? disait-elle alors souriante en s'adressant à Théo, Loulou trouve que tu progresses. S'il le dit, c'est vrai. Tu sais, la complaisance n'est pas son fort ! »

Comment expliquer le phénomène ? Quand Édith retrouva le boulevard Lannes, vers la mi-juillet, et que nous retournâmes la voir, Théo était méconnaissable : il chantait bien. Évidemment, ce n'était pas un campionissimo, mais il avait accompli des progrès indiscutables. Désormais, il était capable de se hisser sur une scène et de chanter sans déclencher les rires. Comme je le complimentais, il me répondit de sa voix aimable :

« Maintenant, je sais qu'il y a pire que Biribi : il y a Édith. Elle m'a fait travailler jusqu'à dix heures par jour. La nuit, elle venait dans ma chambre me parler de chansons. Comme je dormais profondément, elle me secouait, me pinçait, m'engueulait. C'est bête à dire, mais elle me faisait pleurer. Comme un enfant.

— Bah ! le plus dur est passé.

— Je crains bien que non. »

Ses craintes étaient justifiées. Rarement être humain fut autant malmené, vilipendé, que Sarapo. Il vivait totalement dépendant d'elle, constamment sur le qui-vive, prêt à répondre à ses exigences, angoissé de commettre une erreur ou de prononcer un mot de travers.

Avec un peu de philosophie, du temps, beaucoup de tolérance, Édith aurait pu obtenir les mêmes résultats et lui aurait évité bien des scènes pénibles, bien des humiliations. Mais peut-être pressentait-elle que son temps était compté, que sa fin approchait, qu'avec lui il fallait mettre les bouchées doubles, l'installer dans sa nouvelle carrière, avant qu'il ne fût trop tard.

Leur mode de vie était tour à tour gênant et drôle. Théo s'était installé boulevard Lannes, dans la chambre indépendante qu'avaient occupée avant lui Marcel Cerdan junior et Claude Figus. C'était une vaste pièce aux murs roses. Maintenant, Édith s'affichait tranquillement au bras de Théo, et il n'était pas rare de les voir, en fin de journée, main dans la main, elle dans sa robe noire, lui dans sa tenue noire, entrer dans un cinéma. La foule se retournait sur leur passage, ne sachant trop que penser de cet étrange attelage. J'avoue que lorsqu'ils s'embrassaient, je ressentais un certain malaise. Mais Théo était content, Édith était heureuse.

Pourtant, avant qu'elle ne consentît à se laisser photographier avec lui dans des attitudes tendres, Édith connut une certaine inquiétude. Je me souviens que, préparant un reportage, elle m'entraîna à l'écart pour me dire :

« Comment croyez-vous que mon public va juger ma liaison avec Théo ? Vous savez, une femme de mon âge qui vit avec un garçon tellement plus jeune, c'est toujours choquant. Mais, vous le voyez, Théo m'énerve, Théo m'horripile, me donne envie de le battre tellement il est balourd et mollasson, mais j'en suis amoureuse. Vous ne pouvez savoir de quelle dévotion il est capable. La nuit, quand je me réveille, quand j'ai soif, je l'appelle. Il vient, tout endormi, il me prépare du thé, me le sert, me caresse les mains, le front, il attend que je me rendorme. Depuis qu'il est ici, je ne suis plus seule, je n'ai plus peur de la nuit. Est-ce que vous me comprenez ? Est-ce que vous me croyez ?

— Bien sûr, Édith.

— Mais... croyez-vous que mon public, que mes admirateurs comprendront ? »

J'avais saisi, enfin :

« Voulez-vous que j'écrive un article dans ce sens ? Vous verrez bien d'après votre courrier comment réagit votre public.

— Voilà une bonne idée ! me dit-elle avec hypocrisie, m'ayant amené là où elle voulait et ayant obtenu ce qu'elle voulait sans me le demander. C'est ça que vous devez faire. Surtout, écrivez-moi quelque chose d'émouvant...

— N'ayez crainte, Édith. »

Sans exagérer, le premier article lui valut un courrier de plusieurs milliers de lettres, qui s'échelonnèrent sur une dizaine de jours. Plébiscitée à l'unanimité, la liaison amoureuse de Mme Piaf reçut l'approbation générale. Dès lors elle pouvait partir tranquille pour la Côte d'Azur.

Les mois d'été, et notamment août, sont ingrats pour les journaux. Les gens s'abattent sur les plages, clapotent dans la mer, les lacs, les rivières, s'époumonent à gravir des montagnes, retournent la terre à la campagne, s'occupent diversement et négligent la lecture. Les tirages des journaux baissent ; leurs actionnaires et propriétaires ont le sommeil perturbé.

« Qu'est-ce qui pourrait faire remonter la vente ? »

Cette question hantait notre directeur et ses adjoints. De *brain-storming* en *brain-storming,* la cervelle créatrice de mes chefs tournait à la mayonnaise. La

109

canicule qui accablait Paris transformait le journal en désert à idées. Et le tirage baissait.

« Si Édith pouvait se marier ! lâcha, à la conférence du matin, Vassal qui dès le réveil avait des crétineries plein la tête.

— Fantastique ! bondit notre directeur. Partez tout de suite et ramenez-moi... un mot écrit de Piaf annonçant son mariage avec Sarapo.

— Mais... bredouilla Vassal réalisant sa maladresse.

— Bravo Hugues ! l'interrompit notre directeur, vous aurez une prime. »

En débarquant à l'aéroport de Nice, nous étions toujours brouillés. Depuis que nous avions quitté le journal, je n'avais cessé de l'invectiver.

« Je t'assure qu'Édith marchera, essayait-il de se disculper. Elle me l'a dit à moi – à moi, tu m'entends ? – qu'elle voudrait se marier avec Sarapo.

— C'est possible, mais qui va devoir lui poser la question et lui demander son mot écrit ? Toi ou moi ?

— Je te donnerai un coup de main, parole. Cesse de me faire la gueule. »

À 13 heures, nous débarquions de la voiture de location devant l'hôtel Majestic de Cannes, où Édith s'était basée. La chaleur était insupportable. Dès que Danielle nous eut ouvert la porte de la suite qu'Édith avait réservée pour un mois, Cannes, le Midi, la mer, la plage et le soleil disparurent. Tout était dans la pénombre. Les volets, les rideaux étaient tirés, les fenêtres étaient fermées. Pour échapper à la lumière du jour, Édith vivait dans une étuve. Le salon, dans lequel elle se reposait en attendant la nuit, était éclairé par une petite lampe de chevet.

Quand elle nous vit, elle eut, à notre intention, un pauvre geste accablé. Des gouttes de sueur brillaient sur son front, dévalaient le long de ses joues. Certaines plongeaient jusqu'à ses lèvres, et elle les chassait d'un coup de langue. Assis en demi-cercle, se tenaient Noël Comaret, Francis Laï, Théo, Danielle et son mari Marcel, plus Nello, un chauffeur entré depuis peu au service d'Édith, que nous ne connaissions pas.

Tout ce monde avait le teint extrêmement pâle, ce qui faisait ressortir davantage notre hâle. Elle le remarqua aussitôt :

« Vous êtes bronzés !

— Ben... oui.

— Vous êtes fous de vous exposer au soleil. Il n'y a rien de pire pour la santé. C'est comme ça qu'on devient tuberculeux !

— On se méfiera désormais, Édith ! » approuva Vassal, comprenant que ce n'était pas le jour de la contrarier.

À notre tour, nous nous laissâmes tomber dans des fauteuils en velours. Nous restâmes ainsi, tous silencieux, pendant une vingtaine de minutes. De temps en temps, Théo essuyait le front d'Édith et portait un verre d'eau minérale à ses lèvres. De temps en temps, également, le vrombissement des hors-bord parvenait jusqu'à nous. Édith sursautait, murmurait : « Les cons », et crispait ses mâchoires. Peu après, l'un après l'autre, Noël et Francis, puis Danielle et Marcel s'éclipsèrent dans la pièce voisine.

« Alors ? fit brusquement Édith en sortant de sa torpeur, qu'est-ce que vous mijotez, ce coup-ci ? »

J'étais très ennuyé. Je ne savais par quel bout commencer mon histoire, mais Vassal, fidèle à sa parole, vint à mon secours.

« Eh bien, voilà, Édith, dit-il avec un ton exagérément désinvolte : il y a quelques jours, tu m'as dit que tu voudrais épouser Théo.

— C'est vrai, Hugues.

— Alors, nous aimerions savoir à quelle date le mariage aura lieu. Tu comprends, nous aimerions bien pouvoir l'annoncer les premiers. »

Malgré la fatigue que lui procurait la chaleur, Édith tourna sa tête vers Théo, et elle eut un sourire infiniment tendre, doux et complice, auquel il répondit en se penchant vers elle et en embrassant son front moite.

« On leur dit tout ? lui demanda Édith.

— Si tu veux. »

Pendant quelques secondes, elle nous laissa mariner dans l'attente. Enfin elle nous dit :

« Théo et moi on va se marier en octobre. »

De nouveau, ils se regardèrent, et de nouveau Théo se pencha vers elle pour l'embrasser. Quand ils se séparèrent, tous deux restèrent la main dans la main.

« Je vais vous faire une photo comme ça, annonça Hugues en ouvrant son sac.

— Mais tu as déjà dû en faire des milliers pendant qu'on se tient la main ! s'écria Édith en riant.

— Je sais, Édith, mais le décor est différent ici.

— Pour ce qu'on en voit, s'enhardit Théo.

— De quoi ? de quoi ? sourit Édith. On est à peine fiancés, et tu commences déjà à faire des réflexions ? »

Profitant de ce moment de charme, je demandai à mon tour :

« Au fait, Édith, cela vous ennuierait de m'écrire un petit mot, signé de vous, dans lequel vous annonceriez votre mariage ?

— Donnez-moi un stylo et du papier, fit-elle. Pendant qu'on y est, je n'en suis plus à une connerie près. »

Tout le monde riait encore tandis que, un petit bout de langue dépassant de ses lèvres, l'air appliqué, tenant le stylo curieusement à cause de son poignet déformé par les rhumatismes, elle rédigea : « Édith Piaf annonce son mariage en octobre avec Théo Sarapo. » « Tenez, dit-elle en me tendant la feuille, maintenant je suis prise dans la souricière. J'espère que ça fera vendre votre journal. »

En repassant par le salon d'à côté, un étrange spectacle nous attendait : Francis, Noël et Danielle avaient relevé d'un mètre le store de la fenêtre et faisaient bronzer leurs mollets et leurs pieds en cachette...

À Nice, à Cannes, à Monaco, Édith eut la certitude que son prochain mariage avec Théo Sarapo n'entamait en rien sa popularité. « Elle peut tout se permettre », disait Loulou souvent, et il avait raison. Chaque fois qu'elle apparut – et pourtant sa voix n'avait pas encore retrouvé ses accents vibrants –, elle reçut des ovations comme peu de chanteuses en connurent durant leur carrière.

Théo, lui, était guetté au tournant. Curieusement, le public, qui approuvait dans sa grande majorité le mariage d'Édith, lui reprochait, à lui, de s'unir à elle. C'était paradoxal, mais c'était ainsi. Les sentiments que l'ancien coiffeur nourrissait envers Édith étaient entachés de suspicion et il faisait plutôt figure de gigolo. Et pourtant, Barrier, Vassal, Dumont et moi-même – qui avions ressenti cette méfiance – n'en doutions plus : Théo était subjugué par Édith. Elle pouvait être injuste, infâme, cruelle, il acceptait tout sans broncher, parfois en versant quelques larmes, ne comprenant pas pourquoi cette femme qu'il idolâtrait le tourmentait tant.

113

Théo passait dans la première partie du programme dont Édith était la vedette. C'étaient ses débuts devant un public de vacanciers à la tomate preste. Il stupéfia. Il chanta, sinon avec naturel, du moins avec bonheur, un tour de chant mille fois répété qu'Édith lui avait choisi comme pour elle-même. À la fin de chaque chanson, il regardait le côté de la scène. Édith était là. Elle qui affrontait tous les publics du monde sans éprouver de trac ni d'inquiétudes excessives – une simple appréhension –, était verte d'angoisse pour lui. Elle contrôlait les éclairages, surveillait la sonorisation, veillait aux rideaux. Il fallait que Théo triomphât. Il y allait de son prestige, cela ne faisait aucun doute, mais l'affection qu'elle éprouvait pour lui était en jeu également. Qu'il se fût révélé médiocre, ridicule ou simplement insuffisant, elle l'aurait renvoyé à ses bigoudis, sans un pli.

À la quatrième chanson qu'il chanta torse nu – ce qui étonna les foules, car il avait les hanches grassouillettes –, Théo obtint des applaudissements quand même. Alors, à petits pas lestes, Édith apparut sur scène sous un déluge de bravos et d'applaudissements, puis vint se poster à ses côtés. Alors, lui grand et gauche, elle petite et cassée entonnèrent la chanson qui allait consacrer leur vie privée : *À quoi ça sert l'amour ?*, dans laquelle ils se donnaient la réplique. Cela aurait pu être ridicule et même impudique. Ce le fut, bien sûr, un peu, mais un peu seulement, car il y avait tant de tendresse, tant de détresse dans la voix d'Édith, qu'elle inspira, pour la première fois, de la pitié. Était-ce ou non calculé de sa part, je ne saurais le dire.

La date du mariage avait été fixée au 9 octobre, soit le lendemain de la fin du contrat qu'Édith avait signé pour deux semaines à l'Olympia. Dans la deuxième quinzaine d'août, elle était de retour à Paris, avec Théo naturellement, Francis Laï et Noël Comaret qui ne la quittaient plus. Avec soulagement, elle abandonnait cette Côte d'Azur aux couleurs trop vives qu'elle n'aimait pas, cette chaleur qui l'épuisait, cette foule constante qui l'assaillait dès qu'elle faisait un pas dehors, cette foule sans gêne qui l'effrayait.

Édith ne fit qu'une halte de deux jours boulevard Lannes. Puis, avec Théo, elle s'installa dans un hôtel des Champs-Élysées. Cédant à une exigence capricieuse de Sarapo, elle avait convoqué des décorateurs afin de transformer une partie de l'appartement – le salon et la bibliothèque – au goût de son futur mari. Loulou avait essayé de la dissuader d'entreprendre de telles dépenses, car elle devait au fisc plusieurs millions de l'époque, et de plus son compte en banque était presque à sec. Mais Édith tint bon. Comme toujours lorsqu'elle était amoureuse, elle ne savait rien refuser à celui qui voulait bien d'elle. Je me souviens, quand je l'avais retrouvée à son hôtel, elle m'avait confié en riant :

« Savez-vous ce que Théo m'a demandé comme cadeau de mariage ?

— Non.

— Un train électrique et un vélo tout blanc pour maigrir. »

Théo choisit donc la nouvelle décoration du salon et de la bibliothèque : un ensemble assez voyant, de style hybride, composé de meubles anglais et danois, de murs tapissés de soie grenat, de rayonnages et placards blancs, de gros poufs et fauteuils de velours noir, et d'une moquette verte. Il fit acheter à Édith une édition rare des œuvres complètes de Balzac – qu'elle paya huit cent mille francs –, de Victor Hugo et de Baudelaire. C'était, lui expliquait-il, non seulement instructif et décoratif, mais aussi un placement d'argent. Il parlait sérieusement. Elle l'écoutait avidement.

Quand, avec Vassal, nous leur rendîmes visite à leur retour, boulevard Lannes, ils nous reçurent avec ces sourires un peu niais caractéristiques des fiancés. Ils n'arrêtaient pas de s'embrasser, de se regarder avec des yeux humides, de se dire des petits mots tendres et bêtes. C'était un spectacle consternant.

« C'est pas possible, elle devient gâteuse ! » nous disions-nous avec Vassal.

Après la répétition de l'après-midi, consacrée essentiellement à mettre au point le jeu de scène de Théo qui allait affronter pour la première fois un public parisien, après le dîner-régime qu'elle imposait à tous – parce que Théo devait maigrir de cinq kilos –, nous passions au salon. Il était 21 heures, l'heure du cinéma. Théo avait loué un appareil de projection avec son, et des films. Pendant quelques minutes, nous nous transformions en déménageurs. Nous installions deux fauteuils au premier rang – pour Édith et Théo –, derrière des poufs noirs et des chaises, pour Francis, Noël, Danielle, Suzanne, Christiane, Dumont, Vassal, moi et des spectateurs imprévus, comme Michel Vaucaire ou Michel Rivegauche.

Nous vîmes donc *Le Troisième Homme* plusieurs soirs de suite, parce que « cet Orson c'est quand même une montagne », puis *En effeuillant la marguerite*, parce que « cette Brigitte, on a beau dire, elle est quand même très belle ». À part Édith et Théo qui s'enthousiasmaient à chaque séance, personne ne pipait mot ; tous somnolaient ou étouffaient des bâillements. À la fin de la représentation, après que nous eûmes remis fauteuils et chaises en place, démonté le cinéma, après que Christiane eut apporté deux plateaux chargés de thé, café, whisky et bières, Édith répétait. Elle avait incorporé à son tour de chant deux nouvelles chansons de Dumont : *Le Diable de la Bastille* et *Le Chant d'amour,* dont elle avait écrit les paroles.

Il est malaisé de décrire cette période. Tout était prétexte à rire, à plaisanter ; mais peut-être riions-nous trop souvent, trop exagérément et pour n'importe quoi, comme si nous voulions nous dissimuler des dangers dont nous pressentions l'imminence. Nous n'étions pas nombreux à vivre sur nos gardes : Loulou, bien sûr, dont le regard surveillait tout, Dumont aussi, Vassal, moi, Suzanne et sa fille Christiane, également. Nous avions trop pratiqué Édith pour ne pas sentir que l'euphorie n'était que provisoire, que de nouveaux cataclysmes allaient s'abattre après cette accalmie.

Théo, lui, vivait dans un cocon de bonheur, ainsi que Francis et Noël. Ce n'était pas de leur faute, ils étaient encore trop débutants, innocents, dans l'atmosphère du boulevard Lannes. Mais nous, les anciens, les experts, nous ne pouvions pas ne pas surprendre, de plus en plus fréquent, bien que fugitif, un certain regard gris, morose et terne, dans les yeux d'Édith, qui était un signe d'ennui ; nous ne pouvions pas ne pas remarquer que, depuis quelques jours, ses joues étaient moins creuses, que son teint avait perdu de sa pâleur et s'était de nouveau parcheminé.

« Elle recommence », nous dit un matin Dumont lorsque nous nous retrouvâmes sur le trottoir du boulevard Lannes.

Elle recommençait. Et c'était à prévoir.

Je crois, si j'ai bien compris les explications confidentielles que les médecins consultés nous livraient rapidement après la visite au salon, qu'Édith ne pouvait plus fournir d'efforts sans recourir à ses drogues ; c'est-à-dire à des médicaments qui excitaient son système nerveux, mais empêchaient le renouvellement des cellules de son foie.

C'était la conséquence des abus du passé, évidemment, mais à quoi bon revenir là-dessus ? Le mal était fait, et ce n'était pas à nous de la juger. Ce qu'il fallait, par contre, c'était lui permettre de tenir bon, lui mentir. Pour le corps médical, elle était déjà une morte en sursis. Bientôt, elle entrerait dans cette phase dramatique et triste où tout serait mis en œuvre uniquement pour la prolonger jusqu'à l'acte final.

Il aurait fallu qu'elle se fût reposée et qu'elle eût consenti à se soigner. Mais qu'aurait-elle gagné comme temps supplémentaire sur terre ? Peut-être quelques mois. Et encore, il n'était pas exclu que cette inactivité forcée, que cette sorte d'impotence dans laquelle elle se serait trouvée, n'eût pas abrégé ses jours. C'eût été ne pas tenir compte de son caractère : elle était trop orgueilleuse pour capituler et renoncer.

Je crois, aussi, que c'est dans cet orgueil démesuré qui fut le sien, que l'on peut trouver une explication à ses rédemptions. On prétend que les grands artistes ont des réactions et un comportement qui les différencient du reste du monde et les rendent inexplicables ; c'est sans doute vrai. Ils ont leur propre univers, leur théâtre intérieur, ils ont une morale particulière et des réactions physiologiques distinctes.

Grands et petits, ils sont tous des cabots, sans la nuance péjorative du terme. Ce n'est qu'au contact du public qu'ils ressentent leurs stimulations. Ce n'est que dans le triomphe qu'ils trouvent leurs résurrections.

Édith était ainsi. Les autres, la grande lave des autres, qui ne ressentent pas, dès l'arrivée dans les coulisses, exaltation, jubilation, fièvre, peur, ne sont que pitoyables comparses de la chansonnette. C'est pourquoi Édith refusait les relâches. La chaleur de la Côte d'Azur l'avait fatiguée ; ses répétitions à la veille de l'Olympia, l'inquiétude qui la tourmentait pour la carrière de Théo dont elle se sentait responsable, l'avaient éprouvée. Loulou Barrier avait beau lui conseiller de se ménager, lui proposer son aide – il l'avait déjà fait en différentes occasions –, elle refusait. L'année 1961 avait été, pour elle, tant sur le plan professionnel que financier, catastrophique. À cause de ses ennuis de santé, Édith avait peu chanté et beaucoup dépensé. Les cliniques, les soins, les médecins sont chers quand on est une vedette. Il lui fallait donc se renflouer, et pour cela elle n'avait qu'un seul moyen : signer des contrats, chanter, enregistrer. Son programme d'hiver constituait, sur le plan physique, un suicide : après l'Olympia, après son mariage en octobre, Édith avait une tournée en Belgique ; en décembre, une tournée à travers la France ; en janvier, une nouvelle tournée dans les environs de Paris ; en février et mars, Bobino l'attendait ; en avril, une tournée, avec Théo, où elle chanterait dans les cinémas autour de Paris et dans le Nord.

De sa rentrée à l'Olympia, je ne dirai pas grand-chose sinon que ses performances furent d'autant plus stupéfiantes que chaque soir, pour qu'elle pût interpréter ses dix-sept chansons, elle dut subir une série de piqûres, avaler toutes sortes de pilules colorées, sans quoi elle n'aurait pu tenir debout. Le public ne fut pas dupe de l'exploit physique d'Édith.

Vraiment, ce n'était plus qu'un spectre pantelant qui apparaissait sur scène. Chaque soir, elle aurait dû rendre l'âme en chantant, comme Molière en récitant, et c'était là un attrait supplémentaire qui attira, à l'Olympia, la grande foule des événements exceptionnels ; des chaises avaient été rajoutées dans les allées, tellement on se bousculait aux guichets. Personne n'aurait voulu manquer une telle agonie. Elle n'eut pas lieu. Il était trop tôt encore.

Avec Vassal, nous allions lui rendre visite dans sa loge avant le spectacle. Nous y allions, Hugues sans caméra, moi sans arrière-pensées, uniquement parce que l'épreuve qu'Édith s'imposait et qu'elle nous faisait partager nous unissait dans l'amitié et dans l'adversité. Le petit clan des fidèles s'était reformé, toujours vigilant, mais davantage impuissant à l'aider. Édith était consciente de notre indulgence. Quand nous venions à elle pour l'embrasser, elle ne nous disait rien, elle se contentait de nous sourire. Danielle l'aidait à se maquiller, tandis que nous restions collés aux murs de la loge, sans dire un mot. Puis, quand Coquatrix annonçait : « Édith, quand vous voudrez », nous sortions. L'infirmière préparait la seringue...

À la fin de son tour de chant, nous nous contentions de rester dans les coulisses interdites au public, pour la saluer. Nous l'attendions parfois deux heures, car il lui fallait de plus en plus de temps pour récupérer. Enfin, la porte de sa loge s'ouvrait. Édith passait devant nous, pâle comme un linceul, et je ne suis pas certain qu'elle nous reconnaissait. Je ne sais même pas si elle nous voyait. Perdue dans sa brume, elle passait chancelante, soutenue par Théo et Loulou, suivie de Danielle, précédée par Bruno.

Dans la rue Caumartin, une petite foule non rassasiée la guettait. Elle la fendait, indifférente, lointaine. Théo l'aidait à s'installer dans la Mercedes blanche qu'elle avait achetée pour lui ; il recouvrait Édith d'une couverture de laine bleue. Nello démarrait.

Enfin, l'Olympia s'acheva. Quand Édith regagna sa chambre du boulevard Lannes, un tailleur crème de Chanel l'attendait, étalé sur le lit. C'était sa tenue de mariée. Elle la fixa longuement, puis elle dit à Théo : « Je veux me coucher. »

Il était 2 heures du matin, le 9 octobre 1962. Édith et Théo avaient rendez-vous, à midi, à la mairie du seizième arrondissement pour s'unir pour le meilleur et pour le pire…

Je ne fis pas partie de ceux qui par milliers se piétinèrent tout le long du parcours du cortège, ni de ceux qui se bousculèrent sauvagement devant et à l'intérieur de la mairie. Je n'entendis pas Édith dire « oui ». Je ne la vis pas quand elle se présenta au balcon administratif, flanquée de son jeune époux, pour saluer la foule.

Paresseusement, j'avais préféré l'attendre à l'abri de son salon. Quand j'y pénétrai, une femme d'une cinquantaine d'années, aux cheveux blonds et blancs, au visage sévère et sans maquillage, au regard hautain, se trouvait déjà là, assise sur le divan. Son attitude droite et raide de bourgeoise en réception contrastait singulièrement avec les allures des habitués du boulevard Lannes.

Ce n'était pas la première fois que je la rencontrais. Je l'avais déjà aperçue, depuis deux soirs, dans la loge d'Édith, et j'avais noté le ton cassant et mondain avec lequel elle s'adressait à nous. Elle semblait nous considérer comme des moins que rien, de la racaille. C'était une infirmière que le Dr de Laval avait recommandée à Édith, afin qu'elle fût sous contrôle médical constant.

La jugeant déplaisante, je ne lui avais jamais adressé la parole, mais me trouvant en tête à tête avec elle, je me sentis obligé de me présenter – ce que je fis à contrecœur. D'une voix pointue, elle se présenta à son tour : « Simone Margantin. » Nous restâmes sans rien dire quelques minutes, mais Margantin appartenait à ce milieu dont l'éducation est si parfaite qu'il considère le silence comme de l'impolitesse. Elle parla. Et je fus émerveillé et assommé par l'éventail de ses sujets.

Un peu avant 14 heures, la noce fut de retour. Bien que pâlichonne, Édith souriait, cramponnée au bras de son mari, élégant dans un costume en alpaga noir, un peu gauche et faraud comme bien des jeunes mariés. En un rien de temps, le salon et l'entrée furent envahis par une foule d'invités et par la grande meute des journalistes, photographes et cameramen, spécialistes des mariages parisiens. Théo, le premier, fut pris en point de mire. Entouré par les dames de la presse, il eut à répondre à deux questions essentielles qui devaient alimenter les articles psychologiques : « Quel effet cela vous fait-il d'avoir épousé une femme de vingt ans plus âgée que vous ? » et « Aurez-vous des enfants ? » À la première, il répondait invariablement : « Édith a un caractère d'enfant » ; à la seconde, il lâchait prudemment : « Si ma femme en veut. » Puis ce fut au tour d'Édith. « Quel effet cela vous fait d'avoir épousé un homme de vingt ans plus jeune que vous ? » et, naturellement : « Souhaitez-vous des enfants ? » Réponses : « L'effet que j'ai eu beaucoup de chance de rencontrer un homme aussi gentil et beau » ; puis : « Pourquoi pas ? » Peu après, suivie de sa nouvelle infirmière, elle s'éclipsa discrètement dans sa chambre à coucher.

Après le mariage religieux qui eut lieu, à 17 heures, en l'église orthodoxe de la rue Daru, ce qui provoqua d'autres assauts des photographes, la journée se termina boulevard Lannes, où un banquet gigantesque avait été organisé.

Le lendemain des cérémonies, lorsque nous nous présentâmes à l'appartement, Danielle nous déclara qu'Édith n'était pas visible.

« Elle est tellement fatiguée, qu'elle va se reposer pendant deux ou trois jours », nous dit-elle.

Son regard noisette avait cet air suave que nous lui connaissions bien quand elle mentait.

« Pas de bobard, Danielle, qu'est-ce qui ne va pas ?

— Mais... tout va bien..., absolument bien. Elle subit simplement le contrecoup des émotions d'hier. C'est compréhensible, non ?

— Et Théo ? demanda Vassal.

— Théo dort. »

Théo – manque de chance – en pyjama et peignoir éponge, sortit au même instant de la bibliothèque en tenant un bol de thé au lait à la main, et les joues pleines. En nous voyant, il s'étrangla à moitié en voulant avaler sa bouchée tout rond, puis il vint vers nous l'air patelin.

« Salut, Théo, fit Vassal en lui secouant la main. Alors, Édith, ça ne va pas ? »

Sarapo ne savait pas mentir.

« Rien de grave, répondit-il, elle a décidé de se désintoxiquer. Ces derniers temps, elle avait un peu abusé des médicaments. Margantin assure qu'en trois jours elle sera tout à fait rétablie... Vous restez déjeuner avec moi ?

— Volontiers, accepta Vassal.

— Passez au salon, je vais m'habiller. »

Pendant le déjeuner, servi par Christiane, je remarquai que Théo était aux petits soins pour l'infirmière qui affichait un air glacé et distant. Quand, pour le café, nous retournâmes au salon sans elle, Théo gonfla ses joues, comme pour dire « Quelle scie ! Bon débarras ! ».

« Dis donc, fit Vassal sarcastique, elle a l'air de vous mener à la baguette, celle-là ?

— Oh ! là là ! soupira comiquement Théo, entre elle et Édith, au début, ça s'est passé très mal.

« Figurez-vous que, dès le premier jour, quand Édith lui a réclamé une piqûre parce qu'elle avait une crise de rhumatismes, Margantin la lui a refusée, arguant qu'elle attendait des ordres du médecin. Vous connaissez Édith. Elle l'a traitée de "conne !". L'autre, ulcérée, s'est rebiffée, lui a répondu qu'elle était polie avec ses malades, qu'elle en exigeait autant en retour, que Piaf ou Tartempion pour elle c'était du pareil au même, qu'elle s'en allait. Une vraie philippique !

— Et alors ? demanda Vassal.

— Danielle l'a suppliée de revenir sur sa décision. Rien à faire. Puis la vieille Suzanne a essayé à son tour en lui expliquant que "Madame était difficile, mais qu'elle avait un cœur d'or"… Rien à faire. Je l'ai embrassée, j'ai voulu la convaincre à mon tour : échec, une vraie tête de mule. Ce n'est que lorsque le médecin – qui est un de ses amis – le lui a demandé, qu'elle a fléchi. Mais il fallait voir sa tête : une reine outragée.

— Vous allez vous amuser avec elle ? dis-je.

— Tu parles : elle a autant d'humour qu'une valise. Seulement, elle est vachement compétente.

« C'est plus qu'une infirmière, c'est une auxiliaire médicale. »

Théo se tut un instant, hésitant, puis il reprit :

« Et puis, je lui dois beaucoup. Si Édith m'a épousé, c'est grâce à Margantin et au médecin.

— Comment ça ? fit Vassal intrigué.

— Hier matin, une heure avant le départ pour la mairie, Édith ne voulait plus se marier. Elle a commencé par dire qu'elle avait honte d'épouser un homme plus jeune qu'elle – à quoi le médecin lui objecta qu'elle aurait pu y penser avant –, qu'elle se trouvait égoïste de me ligoter à elle qui était physiquement une ruine – à quoi Margantin a répondu qu'il ne tenait qu'à elle de guérir, à condition qu'elle en eût la volonté.

« Mais Édith cherchait tous les prétextes. Après avoir réfléchi, elle a soudain lâché, l'air mauvais, qu'elle s'était trompée sur mon compte, qu'au fond elle n'était pas amoureuse de moi, que je n'avais aucun talent, que j'étais trop mou... Bref, des tas de trucs agréables pour moi qui écoutais.

« C'est alors que Margantin a eu le trait de génie. Elle a trouvé les seuls arguments qui pouvaient atteindre Édith. Elle lui a dit que ses admirateurs ne lui pardonneraient jamais cette volte-face à la dernière minute ; qu'ils la considéreraient comme une girouette ; qu'ils n'auraient plus confiance en elle. Vous connaissez Édith, c'étaient les seules paroles qui pouvaient la toucher. Elle a dit : "Bon, alors, en route."

« Je dois avouer que l'infirmière n'a pas la vie facile. Toutes les demi-heures, elle doit prendre le pouls, puis la tension d'Édith, de jour comme de nuit, et, en cas de défaillance, elle doit lui injecter je ne sais quel remontant. Enfin, avec une malade comme Édith qui ne gémit jamais mais qui proteste tout le temps, ce n'est pas une sinécure. Mais cette Margantin me paraît avoir de la poigne. Et Édith, au fond, s'entend bien avec les gens qui ne lui cèdent pas.

— Tu sais donc ce qui te reste à faire, dit Vassal :
lui tenir tête.

— Moi ?

— Oui, toi.

— Édith me colle le trac ! »

Une personne devait entrer dans la vie d'Édith, pour
la veiller jusqu'au bout, lui tenir la main, la réconforter
et l'aider à affronter la mort. Cette personne fut Simone
Margantin. Son air revêche, son ton autoritaire n'étaient
qu'une façade destinée à masquer une grande bonté. Je
dirais même que la chance d'Édith, sa dernière chance,
fut d'avoir à ses côtés dans la phase finale de sa vie
une amie aussi dévouée et charitable que Simone.
Au départ, les deux femmes n'avaient rien, aucun
point commun pour s'entendre. Édith, qui savait être
profondément égocentrique, ne pensait qu'à son
métier, à ses amis aussi, à ses amours parfois, et
manquait totalement de rigueur dans la vie. Simone,
anormalement altruiste, ne s'écoutait jamais, n'était
préoccupée dans la vie, exagérément peut-être, que
par le sens du devoir. Les deux femmes, pourtant,
tombèrent en admiration l'une de l'autre. Édith, qui
pâtit dans son amour-propre de son manque d'instruction, était éblouie par la culture et les connaissances de Margantin. Simone, qui avait vécu
jusque-là dans le monde rigide des médecins et des
chirurgiens, était fascinée – quoi qu'elle eût pu prétendre – par la fantaisie d'Édith, par ce monde des
artistes et des coulisses qu'elle découvrait, qui la
délivrait de la monotonie de sa vie professionnelle.
Entre elles, ce fut le coup de foudre de l'amitié.
Aussi quand à la fin de la brève désintoxication à

laquelle Édith s'était soumise, Margantin, sa valise prête, alla prendre congé de sa patiente, elle reçut une proposition inattendue :

« Écoutez, Simone, lui dit Édith, vous vous êtes crevé la santé pendant trois jours et trois nuits à me soigner. Si, si, ne mentez pas, ne hochez pas la tête, vous avez une mine de papier mâché. Voilà ce que je vous propose : maintenant que je suis guérie, grâce à vous, restez ici. Je vous installe dans la chambre d'amis, vous vous reposez ; le bois de Boulogne est juste en face, nous irons nous promener comme deux vieilles copines. D'accord, Simone ?

— Je suis très sensible à votre offre, Édith, mais il n'y a aucune raison que je reste.

— Alors, fit Édith en prenant une expression consternée, c'est que vous êtes encore fâchée, que vous m'en voulez de vous avoir traitée de conne.

— Mais, pas du tout, c'est oublié.

— Bon. Alors restez ! »

Pour Margantin débutait alors sa vie auprès de Piaf. Je sus, plus tard, lorsque nous devînmes amis, quelles angoisses et combien de fatigues elle connut à mesure que les comas hépatiques anéantissaient, dégradaient sa malade.

Au cours de cet hiver 1962-1963, avec Vassal nous vîmes assez peu Édith. Peu après son mariage et sa désintoxication, à peine rétablie, elle était partie, comme prévu, en tournée en Hollande et en Belgique. Personne n'eut connaissance de ses deux retours au boulevard Lannes où elle subit des transfusions, car son taux de globules rouges était tombé à un million cinq cent mille, au lieu de cinq millions.

Nous la rencontrâmes à Liège, où elle chantait et où un reportage nous avait amenés. Elle paraissait en assez bonne forme, était très gaie, et Théo, qui avait renoncé à sa chanson interprétée torse nu, avait progressé considérablement. Nous étions restés avec elle une petite heure, pendant que Danielle, dans la salle de bains, préparait sur un réchaud à butane le dîner traditionnel : steak haché, coquillettes à l'eau et abricots en boîte. Les repas cuisinés à la maison continuaient à être l'obsession d'Édith. Elle n'allait jamais au wagon-restaurant, ne touchait jamais aux plateaux dans les avions, grignotait à peine dans les restaurants une tranche de jambon. À part les plats mijotés par Suzanne, boulevard Lannes, et ceux préparés par Danielle en tournée, elle ne goûtait à rien d'autre. « Ailleurs, affirmait-elle avec gravité, on a affaire à des empoisonneurs. »

Nous l'avions revue à Bruxelles, à l'Ancienne Belgique d'abord, où elle triomphait devant des spectateurs qui en oubliaient de boire leurs bières, puis à l'hôtel Amigo. Vassal et moi étions chargés de réaliser un reportage sur Édith et Théo, se promenant main dans la main, amoureusement, dans un bois. Nous tombâmes en pleine scène de ménage. Du couloir, nous l'entendions hurler : « Tu ne chantes pas avec conviction… Tu es un truqueur, tu voles le public… »

Prudemment, nous avions voulu attendre la fin de la crise, mais, à l'intérieur, la bataille faisait rage. Édith, lancée sur le sentier de la guerre, ne se calmait pas. Nous avions fini par frapper à la porte. Danielle nous avait ouvert, puis Margantin nous avait accueillis en nous chuchotant, comme si nous ne l'avions pas compris : « Ça va mal. »

Quand nous étions entrés dans le salon, Édith était seule. Théo, nous dit-elle, était parti bouder dans leur chambre. Comme toujours, dans ces cas-là, nous nous étions vautrés dans des fauteuils, attendant que l'orage passât. Finalement, après un gros soupir, Édith lâcha à la cantonade :

« C'est pour son bien que je crie comme ça. Il ne faut pas qu'il commette l'erreur des jeunes chanteurs d'aujourd'hui qui pensent, parce qu'ils vendent des disques, qu'ils ont gagné. Dans ce métier, on n'a jamais gagné. C'est un métier terrible, qui ne s'improvise pas. Tout le monde peut avoir son heure de gloire. Mais si l'on veut durer, il faut bosser, bosser, sans arrêt. Regardez, des types comme Aznavour et Bécaud ! Ceux-là, ils seront des vedettes, des grands, très longtemps. Savez-vous combien d'heures par jour ils travaillent pour préparer un tour de chant ?

— Non, Édith, dit Margantin.

— Plus de quinze heures, Simone ! Tu te rends compte ? Et Maurice Chevalier qui donne l'impression de chanter avec facilité ? Il en fait autant. Et moi aussi. Et même Yves Montand travaille comme une bourrique… Ce qui manque, à Théo, comme à tous ceux qui s'improvisent artistes de nos jours, c'est d'avoir bouffé de la vache enragée.

« De mon temps, il fallait chanter dans des centaines de bastringues avant de percer, ou chanter dans les rues et dans les cours, comme je l'ai fait. Maintenant, on lance des chanteurs comme des savonnettes. Et ils durent le temps d'une savonnette, et sans faire de mousse encore… »

Édith s'était tue. Elle avait exhalé un de ces soupirs dont elle avait le secret, puis, tout à fait calmée, elle avait appelé : « Théo ! » Il était apparu, les yeux rougis, l'air boudeur. Du doigt, elle lui avait fait signe de s'approcher d'elle et il s'était exécuté.

« Embrasse-moi, crétin », avait-elle demandé.

Le lendemain, à midi, Vassal avait pu les photographier comme prévu : main dans la main, amoureux.

Aux rhumatismes déformants, dont les crises s'accéléraient, aux troubles hépatiques qui empiraient, vint s'ajouter l'insomnie. Alors qu'elle aurait dû dormir le plus longtemps possible pour récupérer, Édith ne dormait plus que quatre heures par nuit, malgré les somnifères que lui accordait Margantin. Dès qu'elle avait les yeux ouverts, elle battait le rappel de ceux qui logeaient dans son hôtel. Un matin, elle nous réveilla Vassal et moi un peu avant 6 heures. Étourdis de sommeil, nous nous retrouvâmes dans son salon où Margantin nous avait précédés. Théo, lui, dormait à poings fermés, car elle l'avait tenu éveillé très tard. Assez en forme, après avoir gémi sur son manque de sommeil, elle se fit apporter du thé, puis elle nous entretint de ses projets, de son inquiétude pour l'avenir de la chanson française – « Le « yé-yé », c'est léger » ; Édith nous parla aussi du temps où, déjà connue, elle était engagée pour chanter dans des réceptions chez les grands du monde. « Je devais me taper l'escalier de service et je n'avais pas droit au buffet. À cette époque, les artistes étaient considérés comme des romanichels. » Après quoi, de nouveau, elle était revenue à son sommeil.

« J'ai toujours été comme ça ! nous confiait-elle avec satisfaction. Tenez, quand j'étais à New York, avec Eddie Constantine et Charles Aznavour, je les ai empêchés de dormir toute une nuit. [Ce souvenir lui arracha un petit sourire de délectation.] Nous étions descendus tous les trois dans un palace. Moi, j'avais une immense chambre au vingt-deux ou vingt-troisième étage – je

130

ne m'en souviens plus – avec Eddie. Charles, lui, couchait dans une petite piaule du cinquième étage. « C'est idiot, mais perchée là-haut, j'ai eu l'impression que le gratte-ciel oscillait. Je mourais de frousse et je ne pouvais pas fermer les yeux. De toute façon, je tenais là un bon prétexte pour ennuyer mon monde. J'ai secoué Eddie, puis j'ai réveillé Charles. Je lui ai dit : "Ma chambre bouge, je veux m'installer dans la tienne. Viens donner un coup de main à Eddie pour descendre mes bagages et monte les tiens." Pendant près d'une demi-heure, tous les deux ont joué aux déménageurs. C'est fou ce que j'avais comme valises et malles à cette époque ! À peine installée, j'ai tout de suite réalisé que la petite chambre de Charles ne me convenait pas : elle était minuscule, sans vue, déprimante et surchauffée. Peu à peu, j'ai commencé à me mettre en rogne contre Charles qui dormait sans vergogne dans le grand lit qui avait été le mien. Au bout d'un certain temps, je n'y ai plus tenu. Je l'ai réveillé de nouveau. "Écoute, lui ai-je dit, ta chambre est trop minable. Avec Eddie, vous allez remonter mes bagages, je me réinstalle chez les riches." Qu'est-ce qu'ils étaient de mauvais poil, tous les deux !

— Et Charles se laissait faire ? demanda Hugues en étouffant un bâillement.

— Il a déménagé le jour même, le traître ! »

Nous en fîmes autant avec Vassal, et Édith nous battit froid pendant plusieurs jours.

C'est à Bobino, en février, que je retrouvai Édith, presque tous les soirs. Elle avait rodé son tour de chant dans le Nord, puis dans des villes proches de Paris, telles que Chartres et Orléans. On ne parlait plus d'elle jusqu'au soir où, à Dreux, elle dut interrompre son récital et regagner Paris d'urgence. Dans les journaux, cela passa presque inaperçu, car l'entourage d'Édith fit des déclarations très rassurantes : un simple malaise. Quand j'étais allé la voir, j'avais eu un choc : physiquement, Édith était pitoyable. Elle me parut encore plus menue, comme si elle rétrécissait dans la maladie. Toutefois, contrairement aux crises précédentes, elle paraissait avoir un bon moral, s'efforçait de plaisanter, rassurait Théo qui ne la lâchait pas d'une semelle. Loulou était plutôt sombre. Margantin dissimulait mal son inquiétude. Pendant trois jours, elle resta boulevard Lannes, tranquille, à tricoter, puis elle acheva sa tournée. Personne ne réalisa la gravité de l'alerte, excepté Simone que je surprenais, parfois, téléphonant clandestinement au médecin. Ce n'est que plus tard que je sus qu'Édith ne tenait plus qu'à force de piqûres dopantes – un cocktail de vitamines que lui préparait Margantin –, sans quoi, son organisme n'aurait pu résister, ne serait-ce que le temps d'un tour de chant.

Simone, qui commençait à éprouver le besoin de se confier, dit un jour à Vassal qu'Édith souffrait maintenant de troubles intestinaux, conséquence inévitable de son foie délabré.

« Avant, elle pouvait supporter de rester un ou deux jours sans piqûres. Plus maintenant, conclut-elle. Édith se consume de plus en plus rapidement. Pour le moment, elle a encore suffisamment d'énergie nerveuse, mais un jour, à force de puiser dans ses réserves, elle se retrouvera complètement vidée, usée. »

Enfin, la première de Bobino eut lieu, et Édith remporta un triomphe comme elle seule sut en provoquer et qui égala en ampleur ceux qu'elle avait connus à l'Olympia. Théo, lui, reçut un bon accueil et du public et de la presse. On lui reprocha seulement de nasiller un peu et un certain manque de sobriété dans ses gestes sur scène.

Pendant deux mois, tout se déroula bien. Il n'y eut qu'un seul incident, sans gravité d'ailleurs, quand Édith sut que Marcel Cerdan junior, qu'elle aimait infiniment, n'avait pu entrer dans sa loge et l'attendait dans la coulisse pour l'embrasser. « Je ne veux plus que cela se reproduise, dit-elle fermement. Je considère Marcel comme quelqu'un de ma famille. »

Oui, tout se déroula tranquillement. Du moins en apparence. Car les forces d'Édith déclinaient, car il fallait la soutenir dès qu'elle était à l'abri des regards de la foule. Pourtant, dans son entourage, tous affichaient des visages souriants et détendus, réfutaient énergiquement toute allusion qui concernait une éventuelle mauvaise santé de Piaf. Théo m'avait même dit, acerbe : « Dans vos journaux, vous vous ingéniez à toujours annoncer des catastrophes sur Édith pour vendre du papier. Ce sont des méthodes dégoûtantes. » Sa réflexion avait du vrai, c'est un fait. Mais, à moi, il suffisait de voir le visage de Margantin pour savoir que tout n'allait pas aussi bien que le jeune marié voulait le faire croire. L'infirmière dépérissait ; son front, le coin de ses yeux, les commissures de ses lèvres s'étaient ornés de rides.

La dernière représentation à Bobino eut lieu dans un climat de ferveur exceptionnelle. Rarement un public fut aussi chaleureux, tendre et reconnaissant pour une artiste. Pendant vingt minutes, petite silhouette noire,

Piaf, les mains croisées derrière le dos, droite, le menton relevé, le regard parcourant la salle, reçut une ovation grandiose. Puis, dans sa loge, pendant près d'une heure, elle reçut encore les félicitations d'une foule d'amis et d'inconnus venus lui rendre un dernier hommage.

Personne ne se douta, ce soir-là, qu'il s'agissait d'adieux. Jamais plus, Édith ne devait chanter à Paris.

Quand je la revis, quelques jours plus tard, dans son salon, la robe de velours pourpre, longue et droite que lui avait offerte Théo faisait ressortir davantage encore la pâleur presque irréelle de ses traits. Elle m'accueillit en me disant : « Si vous saviez comme je suis heureuse ! » Son regard exultait. Alors, d'une voix tremblante d'émotion, avec la passion d'une débutante, elle me raconta que des Américains étaient venus de New York exprès pour elle, pour l'entendre à Bobino, qu'ils avaient été emballés.

« Ils me proposent des contrats à New York, à Los Angeles, au Canada et au Japon. C'est inouï. Je vais leur mettre au point un tour de chant qu'ils n'oublieront jamais. »

Elle s'était tue, puis, cabotine, elle avait précisé : « Vous savez, aux États-Unis, il n'y a que Maurice Chevalier et moi à triompher comme vedettes françaises. »

Cette perspective la dopait. Elle n'avait plus de forces, elle était condamnée par le corps médical, qui se demandait avec stupéfaction comment elle était toujours en vie – surtout après son séjour à l'Hôpital américain de Neuilly, en novembre, pour un coma hépatique que tout le monde ignora –, et Édith faisait des projets. Tout d'abord, elle était préoccupée par la tournée des cinémas aux portes de Paris, au cours de laquelle elle comptait « mettre au point » Théo et lui préparer un nouveau tour de chant. L'idée de chanter entre les actualités et le film l'animait, car cela lui rappelait ses débuts, quand elle chantait dans des salles des quartiers de Belleville et de la République, accompagnée par un pianiste indifférent ou soûl perdu.

Un matin de fin mars, le journal me réveilla pour m'annoncer : « Théo est à Ambroise-Paré. On prétend qu'il souffre d'un furoncle. Allez voir ce qui se passe. »
Aussitôt, je téléphonai boulevard Lannes pour avoir des détails. Après que la sonnerie eut retenti souvent – ce qui n'arrivait jamais –, Christiane me répondit. Pressée de raccrocher, elle me débita qu'Édith, Margantin et Danielle étaient à la clinique, au chevet de Théo. Sa voix me parut tellement hésitante et contrariée, que j'eus la certitude qu'elle me mentait. Agacé, je coupai la communication et je composai le numéro de Vassal. Dès qu'il me répondit, sans m'étendre, je lui fixai rendez-vous à la clinique. Et je me mis en route. Je ne sais pourquoi, mais cette histoire de furoncle de Théo me paraissait suspecte.
La première personne que j'aperçus en arrivant devant le perron d'Ambroise-Paré, fut le chauffeur que Théo venait d'engager en remplacement de Nello, qu'il estimait trop nerveux et intrépide au volant. Le nouveau était un gaillard blond et trapu, assez désorienté par le mode de vie de la maison Piaf. L'air préoccupé, je fonçai sur lui :
« Alors, Édith ? Quelles nouvelles ? »
Ignare encore de la perfidie et de la duplicité des reporters, il me répondit :
« Ben, depuis qu'on l'a transportée cette nuit, ici, je n'en sais plus rien. Mais… comment l'avez-vous su ? »

Je n'eus pas le temps de lui répondre. Loulou Barrier apparut en haut de l'escalier de pierre de l'entrée, avec Margantin. Dès qu'il me vit, il fit une grimace de contrariété et, prenant Simone par le bras, il l'attira à l'intérieur du hall. Pendant quelques minutes, tous deux parlèrent avec animation, puis, alors que l'infirmière se dirigeait rapidement vers l'ascenseur, Loulou sortit et n'essaya pas de m'éviter.

« Tiens, tu es déjà là ? me lança-t-il ironique.

— Eh oui, comme tu vois les nouvelles se propagent vite. Comment va Édith ?

— Édith ? mais très bien, mon petit vieux. Comme un charme. Elle est simplement inquiète pour Théo.

— Un furoncle, paraît-il ?

— Un furoncle, mon petit vieux.

— Hum ! il doit être gros pour qu'on l'hospitalise ?

— Énorme, mon petit vieux.

— Je... pourrai voir Édith, tout à l'heure ?

— Non, n'y compte pas, elle ne quitte pas le chevet de Théo.

— Naturellement. Mais... peut-être pourrais-je lui parler au téléphone.

— Non plus. Ce n'est vraiment pas le jour. Tu es inconscient, enfin !

— Excuse-moi, Loulou. Bon, il ne me reste plus qu'à guetter sa sortie. Elle va bien rentrer chez elle, ce soir ?

— Non plus. Je te répète qu'elle refuse de quitter le chevet de son mari tant qu'il n'ira pas mieux.

— Oh, alors elle ne va pas tarder à venir.

— Et pourquoi donc ?

— Mais parce que Théo va beaucoup mieux, Loulou. Regarde-le, il est dans le hall et parle avec des infirmières », dis-je innocemment en pointant le doigt dans la direction de Sarapo qui, m'apercevant, me fit un petit signe amical.

Ce qui était extraordinaire, avec Loulou, c'était sa maîtrise : il ne perdait jamais son calme. Seules ses mâchoires se crispaient un peu, mais il affectait aussitôt après un visage dénué de sentiments. Quand Édith lui annonçait qu'elle avait donné une fourrure à une mendiante, quand elle refusait de signer un contrat parce que le directeur de la salle s'était moqué d'elle vingt ans auparavant, quand elle achetait une maison de campagne de dix-sept millions qu'elle revendait neuf millions parce que la verdure la dégoûtait, Loulou enfilait son masque d'imperturbabilité. Seule la fatigue intense lui arrachait des tics nerveux.

L'apparition malencontreuse de Théo, je le devinais, le contrariait prodigieusement, mais il ne broncha pas. Loulou se borna simplement à me dire :

« Tu me rendrais service en n'annonçant pas qu'Édith est souffrante.

— Promis, Loulou, mais je doute que le secret dure longtemps. Il y a toujours quelqu'un, dans les cliniques, qui alerte la presse.

— J'espère que tu te trompes, me dit-il ennuyé, tu ne peux savoir combien les allers-retours d'Édith en clinique nuisent à sa carrière. Bientôt, il n'y aura plus un directeur de salle qui acceptera de lui signer un contrat, de crainte qu'elle ne tombe malade. »

Malheureusement pour Loulou, mes prévisions se révélèrent justes. Une heure ne s'était pas écoulée, que nous étions déjà une bonne cinquantaine de journalistes et photographes en train de faire le siège de la clinique. Vassal, qui avait réussi à mettre en route sa voiture, prévenu le premier, arriva avec les derniers.

En ce temps-là – depuis, vraisemblablement, les jeunes générations de reporters se sont civilisées et sensibilisées –, la meute de la presse, quand elle assurait un événement d'une telle importance pour ses lecteurs, avait un comportement qui ressemblait à celui d'une foule du dimanche attendant le passage du Tour de France cycliste : papiers gras, plaisanteries douteuses, sandwiches, œillades gourmandes aux infirmières et aux passantes, canettes de bière, astiquage des chromes des voitures, transistors, commentaires acides sur la vie politique, commérages, revendications de salaires, propos désabusés sur la vie conjugale, tout y passait pour étancher l'attente. Le soir, après une dernière tentative pour pénétrer dans la clinique, baroud symbolique voué à l'échec, la meute regagna ses foyers. Dans le parc de la clinique de luxe, s'étalaient les épaves des casse-croûte et des boîtes de pellicules, seuls témoignages du passage de l'information. Les vieux grognards de la presse avaient bivouaqué là. Les planques, c'était ça.

Pendant quelques jours, tout le monde goba la maladie de Théo. Et puis, la vérité éclata. Il existe toujours un reporter, grand, blond, aux yeux bleus, style viking, qui séduit une infirmière qui dévoile tout. Ce fut le cas lors de cette interminable attente à Ambroise-Paré. La misérable en blouse blanche, troublée par les baisers d'un reporter stagiaire ambitieux, trahit le secret professionnel et lâcha tout : la maladie d'Édith, le coma hépatique, les transfusions, les perfusions, le numéro de sa chambre (le 510), l'anxiété de Sarapo. Dès lors, la meute redoubla, car la mort qui guettait Piaf provoquait l'orgasme des journaux.

Nos camarades de planque n'ignoraient pas les liens d'amitié qui nous unissaient, Vassal et moi, à Édith. Aussi, ni lui ni moi ne pouvions faire un pas sans être épiés. Cela eût pu paraître flatteur. Hélas pour nous, nos accointances dans la maison ne nous servirent à rien : Loulou nous boudait, Danielle nous

138

fuyait, Margantin veillait la malade, Théo était intouchable.

Le journaliste étant seul responsable de la réussite ou de l'échec d'un reportage, je reçus un coup de semonce de mon directeur parce que Vassal avait raté la photographie d'un œuf de Pâques gigantesque que lui avait adressé une amie, Mme Salabert.

« Alors, comme ça, vous n'avez pas vu l'œuf ? criait mon directeur au téléphone, indigné.

— Non, je regrette, ni Hugues ni moi ne l'avons vu.

— D'autres l'ont photographié, s'époumonait la voix à l'autre bout du fil. Je vous préviens que, si vous ratez encore un œuf, je vous flanque à la porte ! Et-sans-in-dem-ni-tés ! »

Nous fîmes le guet des œufs, mais il n'y en eut plus d'autres. Avec Hugues nous eûmes pourtant notre revanche, car nous fûmes les premiers à découvrir qu'Édith n'était plus en danger.

Il y avait déjà près d'une semaine que nous faisions le pied de grue devant la clinique, lorsqu'un jour, vers midi, Vassal me donna un coup de coude discret et me glissa du coin des lèvres : « Regarde. » Je tournai la tête : cramoisie, ses jambes graciles moulinant sur les pédales avec ardeur, Christiane arrivait à la clinique, à bicyclette. Sur son porte-bagages avant, était ficelé un panier recouvert d'un torchon de cuisine. Passant inaperçue devant la troupe des journalistes, elle s'enfonça dans une allée latérale et disparut aux regards.

« Tu sais ce que c'est ça ? me demanda Vassal avec une suffisance énervante.

— Non.

— C'est le repas que Suzanne a préparé pour Édith. Tu sais bien qu'elle refuse toujours de toucher à la nourriture des cliniques.

— Oui, et alors?

— Pauvre demeuré, soupira Vassal. Si Christiane, pour la première fois, apporte le repas dans le panier, ça signifie qu'Édith peut se nourrir. Or, si elle peut se nourrir, c'est qu'elle va mieux. Logique, non?

— Pas tant que ça. Ce sont peut-être les repas de Théo et Margantin.

— Non. Pourquoi auraient-ils attendu une semaine? Je suis sûr que c'est pour Édith. Et d'ailleurs, il y a un moyen très simple de le savoir.

— Lequel?

— On va filer discrètement boulevard Lannes et on interrogera Christiane! »

Vassal avait raison. Quand nous coinçâmes la femme de chambre devant l'immeuble d'Édith, après bien des hésitations et des simagrées, elle finit par nous confier que la patronne allait beaucoup mieux, qu'elle était hors de danger. Théo avait même prévenu qu'il rentrerait coucher à la maison le soir même.

Il n'y avait qu'un seul moyen pour ne pas rester enfermés hors de l'appartement avec la meute, au retour de Théo : être à l'intérieur avant son arrivée. Lorsqu'il pénétra dans la cuisine, il nous trouva, Hugues et moi, achevant du poulet froid et de la salade, que Suzanne compatissante nous avait proposés.

« Il en reste ? demanda-t-il gentiment.

— Non, monsieur Théo, répondit la cuisinière, mais je peux vous préparer une omelette au fromage, bien baveuse. »

Il hésita, car Édith lui imposait toujours le régime de grillades.

« Vas-y, fit Vassal avec un bon sourire, on ne lui dira rien...

— Dans ce cas, d'accord, Suzanne. »

Il était près de minuit. Les coudes sur la table, le menton dans la paume des mains, nous le regardions souper. Il avalait vite, avec gourmandise, tel un enfant qui fait une ventrée de confitures en cachette. Par moments, il reprenait son souffle, nous disait : « C'est bon », et replongeait le nez dans son assiette. Suzanne, qui le regardait attendrie, lui prépara ensuite un steak au poivre, avec une pointe de cognac, et Théo en eut le regard chaviré. Enfin, nous passâmes au salon. Par intermittence, nous parvenaient les aboiements de la meute restée sur le trottoir. Christiane nous servit le café et du whisky.

« Comment va-t-elle ? demandai-je dès que nous nous retrouvâmes entre nous.

— Tirée d'affaire, me répondit Théo. Une fois de plus elle est sauvée, et les médecins n'en reviennent pas.

— Mais... c'est arrivé comment, Théo ?

— Comme toujours. Édith a bien cherché ce qui lui est arrivé. Tout a commencé à Bobino. Avec son fichu caractère elle refusait toujours, quand elle sortait de scène en transpiration, d'enfiler son vison que Margantin lui tendait. « Fichez-moi la paix, c'est trop lourd », disait-elle chaque fois. Un soir, elle a pris froid. Cela a commencé par un rhume, puis une bronchite, et c'est devenu une pneumonie. En un rien de temps, elle, qui était déjà très fatiguée, s'est trouvée à plat. Simone avait beau lui faire des piqûres, des inhalations, le mal empirait d'autant plus qu'au lieu de se reposer Édith avait entrepris la tournée des cinémas. À mesure que les jours passaient, elle respirait de plus en plus mal, jusqu'à une nuit où elle asphyxia littéralement. Je dormais. Et ce sont ses halètements qui m'ont réveillé. Édith râlait, du moins, c'est l'impression que j'ai eue. Du coup, affolé, j'ai couru alerter Simone qui a prévenu le docteur. Cette nuit-là, j'ai bien cru que j'allais me retrouver veuf, parce que, aux troubles respiratoires, s'ajoutait un nouveau coma hépatique.

« J'ai enroulé Édith dans sa fourrure, le mari de Danielle l'a prise dans ses bras, emportée dans la Mercedes et nous avons filé à Ambroise-Paré, où Édith, à demi consciente, a subi une exploration intestinale.

« Et puis, de plus en plus somnolente, elle a perdu... connaissance, jusqu'à avant-hier. À peine a-t-elle rouvert les yeux qu'elle a commencé à empoisonner tout le monde. Elle refusait de se nourrir. Il a fallu que le Dr Bloch, son réanimateur, s'énerve et lui dise : "Madame, nous nous sommes donné beaucoup de mal pour vous sauver. Mais si vous voulez mourir, continuez comme ça : ne mangez pas. Je ne vous forcerai pas !" Alors seulement, Édith a consenti à se faire apporter ses repas par Christiane.

« Enfin, il était temps qu'elle s'en sorte. Moi, j'étais sur les rotules, Loulou ne cessait de pleurer dès qu'il entrait dans la chambre tellement la vue d'Édith, inanimée, le touchait. Quant à Margantin, qui n'avait pas dormi une nuit entière depuis l'arrivée à la clinique, elle souffrait de troubles du sympathique et il a fallu engager une infirmière pour soigner l'infirmière.

— Donc, elle est guérie, dit Vassal.

— Pas tout à fait encore, mais elle va tellement mieux que, lorsqu'une infirmière lui a montré un hebdomadaire dans lequel Figus écrivait ses souvenirs auprès d'elle, Édith a piqué une violente colère. Elle l'a traité de pilleur de cadavre – le sien –, et elle a donné ordre qu'on le flanque à la porte de la maison. Ce que j'ai fait.

— C'est bon signe, ça ! » commenta Vassal, qui enchaîna : « Dis donc Théo, quand pourrai-je la photographier dans sa chambre ?

— Pour le moment cela me paraît exclu. Mais je vais lui en parler.

— Merci, Théo. N'oublie pas qu'il me faut une photo exclusive, tu comprends ?

— Je comprends bien. Ne t'inquiète pas, je vais le lui demander. »

Après des tractations délicates, il fut convenu que Hugues opérerait dans la chambre d'Édith, l'après-midi de sa sortie. Les jours passaient, notre impatience devenait exaspération, mais elle ne quittait pas la clinique. Margantin, avec qui j'avais réussi à bavarder dans le hall d'entrée, m'avait expliqué :

« Édith ne veut pas s'en aller. Elle s'incruste. Elle se trouve bien dans sa chambre.

— Mais qu'y fait-elle ?

— Elle tricote, fait des mots croisés. On dirait une touriste en villégiature. Elle plaisante avec les infirmières et les filles d'étage, leur distribue les bonbons et les chocolats qu'elle a reçus. Je sais que Théo est ennuyé, car il a loué, extrêmement cher, une grande propriété au Cap-Ferrat pour qu'Édith y passe sa convalescence, mais elle refuse de partir. »

Théo, qui était venu vers nous et avait entendu la fin de la phrase, ajouta en hochant la tête :

« Loulou est ennuyé aussi, car la note, ici, va être salée. Chaque jour supplémentaire coûte bonbon, et après notre location dans le Midi nous sommes à sec.

— Qu'allez-vous faire ? demanda Margantin.

— Bah ! fit Théo avec une certaine insouciance, je crois qu'il va falloir demander des avances à Pathé-Marconi et à la Société des Auteurs. J'espère qu'ils nous dépanneront une fois de plus. »

La sortie d'Ambroise-Paré avait été fixée à 15 heures précises. Nous étions convenus avec Théo, que Vassal et moi gagnerions discrètement la chambre 510, vers 14 h 30, afin de réaliser notre reportage exclusif. Avec quelques minutes d'avance, je me faufilai discrètement dans le hall d'où je gagnai l'ascenseur sans avoir été repéré par mes confrères qui commençaient à s'agglutiner devant la porte de la clinique.

Peu après, j'entrai dans la petite chambre d'Édith où s'entassaient des bouquets de roses splendides.

Après plus d'un mois, après tant de péripéties, nous nous retrouvions, Édith et moi. Aussi nous embrassâmes-nous, très émus. Elle portait un pantalon de chantoung bleu ciel et un pull léger de cachemire bleu foncé à manches courtes. Édith était d'une maigreur impressionnante, mais son regard avait retrouvé sa mobilité, son acuité, sa malice.

« Qu'est-ce qu'on attend ? demanda avec brusquerie Loulou.

— On attend Vassal pour les photos », répondit Édith.

En bas, face à la sortie, le peloton compact des journalistes, photographes, cameramen, attendait qu'Édith apparût.

À 15 h 20, Édith dit : « Sa voiture n'a pas dû démarrer, une fois de plus. » Loulou grogna qu'il existait des taxis. Théo ne disait rien. Un peu après 16 heures, Édith commença à s'inquiéter : « Pourvu qu'il ne soit rien arrivé à Hugues. Il conduit tellement comme un fou. » Loulou se rongeait un ongle ; Margantin me lançait des regards sombres, me tenant pour responsable du retard de Vassal. Un peu avant 17 heures, Édith lança : « Mes enfants, ce n'est pas possible, il faut faire quelque chose, je sens qu'il est arrivé une catastrophe à Hugues. » À peine avait-elle prononcé ces mots pessimistes, que la porte s'ouvrit. Danielle, qui venait de la réception, annonça que la presse grondait.

« Bon, on s'en va, décida Édith, mais dès qu'on sera à la maison, ajouta-t-elle en s'adressant à sa secrétaire, tu téléphoneras aux commissariats et aux hôpitaux pour avoir des nouvelles de Vassal. Théo, donne-moi le bras. »

Danielle venait à peine d'ouvrir la porte, lorsque j'aperçus deux photographes rivaux de *France-Soir* et de *Elle* qui étaient parvenus à se glisser jusqu'à l'étage. Ils réussirent merveilleusement bien la photo que j'avais organisée pour Vassal. J'écumais.

C'est dans le salon du boulevard Lannes que nous retrouvâmes Hugues. Il était allongé sur le divan, et dormait en ronflant. Je le secouai, je l'insultai, il ne broncha pas. Même Margantin ne put le réveiller. Ivre, Hugues cuvait.

Le soir du retour, il y eut une algarade assez vive entre Édith et Margantin. L'infirmière avait dû s'absenter pour aller chercher du linge chez elle, puisque le départ pour le Midi était prévu pour le lendemain. À son retour, elle eut la surprise de trouver le salon grouillant de monde. Assise de nouveau sur son divan, Édith s'efforçait de tenir tête à toutes les conversations, mais visiblement cette épreuve l'épuisait. Margantin ne put contenir sa fureur.

« Très bien, fit-elle de ce ton glacé qu'elle savait si bien employer. Très bien, puisqu'il en est ainsi, qu'à peine livrée à toi-même tu recommences tes idioties, je ne vois pas pourquoi je continuerais à te soigner. Tue-toi, puisque tu es incapable d'être raisonnable, mais moi je n'assisterai pas au suicide. Je m'en vais.

— Écoute, Simone, voulut répliquer Édith, je ne suis plus une enfant et je sais ce que je fais.

— Tu as raison. Tu es absolument libre de faire ce qu'il te plaît, mais moi je ne serai pas ta complice. Tu es vraiment trop affligeante de bêtise ! »

C'était la première fois que quelqu'un osait apostropher aussi sèchement Édith en public. Ceux qui assistèrent à la prise de bec pensaient que Margantin allait passer un mauvais quart d'heure. Il n'en fut rien. Docile, Édith dit :

« Simone a raison. Maintenant, soyez gentils, laissez-moi me reposer. »

Lorsque Édith se traîna jusqu'à sa chambre, où Simone l'avait précédée, elle entendit dans le couloir la voix sifflante de l'infirmière qui disait :

« Vous êtes une chiffe molle ! Vous devriez être honteux d'avoir permis à tous ces parasites de venir la fatiguer avec leurs propos imbéciles.

— Mais c'est elle qui a exigé de les recevoir.

— Enfin quoi ? gronda Margantin, vous êtes un homme ou une mauviette ? Ne serez-vous donc jamais capable de vous imposer ne serait-ce qu'une fois ?

— Je n'ose pas, Simone », avoua Théo.

3

Édith était partie avec sa troupe. Théo, Simone, Danielle et son mari Marcel, Suzanne et sa fille Christiane avaient embarqué les uns à Orly, les autres gare de Lyon. Leur nouveau chauffeur, Christian, remplaçait le blond trapu avec qui Théo, pour une raison que j'ignore, s'était battu. Christian, donc, avait pris la route avec la Mercedes remplie à ras bord de bagages.

Avec Vassal, nous ne fûmes pas longs à aller les rejoindre. Le journal, en effet, désirait un article déchirant et des photos bouleversantes.

La villa La Serena que Théo avait louée nous en imposa. De la route, on n'en devinait pas l'ampleur. Un chemin assez large, couvert de gravillons, descendait en spirale jusqu'à un terre-plein qui servait de parking. Parvenu là, majestueuse, tarabiscotée, la propriété dévoilait sa masse imposante. Un parc immense et soigneusement entretenu l'entourait. Une piscine y avait été installée. Au bout, vers l'est, dominant la mer, se trouvait un bosquet. Un escalier taillé dans la roche descendait vers une plage privée.

Théo nous accueillit dans un salon de deux cents mètres carrés. Il communiquait au moyen de deux portes-fenêtres avec le parc et une terrasse qui longeait une partie de la grande salle à manger.

Théo portait une chemisette de soie noire, un pantalon noir, et des espadrilles noires aussi. Sa peau, en revanche, était toujours très blanche.

« Tu ne te baignes pas ? le questionna Vassal perfidement. Tu ne te bronzes pas ?

— Tu sais bien qu'Édith ne veut pas. Elle a peur que je me noie. Je vais la prévenir que vous êtes là », ronchonna-t-il en s'éloignant.

Vautrés dans de vastes fauteuils au tissu à fleurs criard, nous attendîmes. Édith apparut dans une robe de chambre bleu pâle, très ample. De sa démarche trottinante et précautionneuse, elle s'avança de quelques pas. Avec Hugues, nous allâmes à sa rencontre pour l'embrasser. Puis, emportés par l'affection, nous embrassâmes également, pour la première fois, Margantin, qui parut surprise et, tout compte fait, ravie.

Après avoir jeté un regard circulaire au salon, Édith annonça, décidée :

« Allons visiter la propriété une bonne fois pour toutes, et qu'on n'en parle plus. »

Nous pliant à son allure, nous avançâmes dans le parc. Il n'y avait pas un souffle d'air, la chaleur était suffocante et nous transpirions abondamment. Vassal, ses appareils autour du cou, photographiait sans interruption : Édith cueillant une fleur, Édith regardant Théo nager dans la piscine, Édith simulant de jouer au ping-pong avec son mari, Édith caressant le chien du jardinier, Édith assise sur une chaise longue sous un parasol. Il ne s'arrêta que lorsque Danielle annonça que le déjeuner était prêt. Au cours du repas, Édith, qui présidait avec Théo à sa droite et Margantin à sa gauche, se contenta de mâchonner sans entrain ses coquillettes à l'eau et du poisson bouilli, sans dire un mot. Nous passâmes ensuite sur la terrasse pour le café. Édith n'y ayant pas droit tricotait. Seule Margantin avait essayé de faire les frais de la conversation, mais devant notre mutisme elle y avait renoncé rapidement. Avec sa brusquerie habituelle, Édith me demanda quel article je comptais écrire. Je lui répondis que franchement je n'avais aucune idée derrière la tête, que je n'en savais rien. De nouveau, le silence. Puis, relevant la tête, Édith me demanda :

« Est-ce que cela ferait un article important si je vous racontais que, pendant mon séjour à Ambroise-Paré, je suis devenue folle ?

— Extraordinaire, Édith ! » dis-je.

Le visage renfrogné, Margantin, qui avait entendu, ne put s'empêcher d'intervenir :

« Mais enfin, Édith, ce n'est pas vrai !

— Qu'est-ce qui n'est pas vrai ? Je ne suis pas devenue folle pendant trois jours à la clinique ? Je ne chantais pas à longueur de journée, et même la nuit, des chansons sans queue ni tête ? Est-ce que je n'étais pas dans l'incapacité de vous reconnaître tous ? Est-ce que Théo et Loulou ne pleuraient pas dans la chambre, comme tu me l'as affirmé, pendant que je déménageais ?

— Si, bien sûr, Édith, approuva Margantin, mais tu étais, comme on dit dans le jargon des médecins, "déconnectée" par les médicaments. C'est une réaction connue, courante. Tu étais troublée, tu n'étais pas folle.

— Et moi, je te dis que j'étais folle ! » fit Édith sur un ton qui n'admettait pas de réplique.

Avec rage, elle jeta son tricot à terre, fit une grimace dans le dos de Margantin qui s'éloignait pincée, et puis me dit :

« Vous avez là de quoi écrire un article palpitant et vrai. N'écoutez pas Simone, c'est elle qui "déconnecte"… »

Tout en bougonnant, elle se leva avec effort de son fauteuil en rotin, garni de coussins, puis fit un petit signe à Théo qui se précipita vers elle et la prit par le bras. À petits pas traînants, toujours en grommelant, Édith se dirigea vers l'escalier de pierre qui conduisait au premier étage où se trouvait sa chambre.

Restés seuls, Vassal et moi, nous nous regardâmes. L'un et l'autre étions convaincus que Margantin avait raison et qu'Édith, sans mentir, avait déformé la vérité pour donner aux faits plus de piquant. Bien entendu, c'est la version d'Édith que j'adoptai. Après tout, je n'allais pas être plus royaliste que le roi...

La vie d'Édith, à La Serena, se déroula selon un horaire très strict établi par Simone, auquel elle se soumit sans protester. Du moins, tant qu'elle se sentit fragile.

Grâce aux somnifères, Édith se réveillait généralement vers 6 heures, mais elle consentait à demeurer au lit jusqu'à 10 heures, à condition que Margantin vînt lui tenir compagnie. À voix basse, les deux femmes bavardaient, tricotaient en évitant de faire du bruit afin de ne pas réveiller Théo qui dormait dans le lit voisin. Toutes les demi-heures, Simone prenait le pouls, puis la tension d'Édith, ensuite, elle lui faisait une piqûre vitaminée. À mesure que le mois de juin s'effilochait, la santé d'Édith inspirait moins d'inquiétude.

Après son thé au lit, après son bain, après que Théo l'eut coiffée, elle descendait au salon vers 11 heures. Francis Laï (dont les parents habitaient Nice) et Noël Comaret, qu'on avait installé dans l'une des chambres d'amis à La Serena, l'attendaient pour répéter. Car, aussi incroyable que cela puisse paraître, à peine une dizaine de jours après sa sortie de clinique, Édith s'était remise au travail. Et le plus extraordinaire fut que sa voix retrouva assez vite, une fois encore, ces accents qui bouleversaient tant. Elle parvenait même à chanter l'*Hymne à l'amour*. Et c'était là un test qui ne trompait pas, car cette chanson fut parmi les plus difficiles qu'elle eut à interpréter à cause, entre autres, d'un certain *si* mineur qui exigeait toute sa puissance vocale.

« Si je continue comme ça, nous disait-elle après que nous l'eussions applaudie, à la fin de l'année, je pourrai partir pour ma tournée américaine et me rendre à l'invitation que la Maison-Blanche m'a adressée. »

Même Margantin, d'habitude réservée et méfiante, se laissait contaminer par cet optimisme. Pourtant elle était sur ses gardes, ne relâchant pas sa surveillance autour de sa convalescente. Un après-midi, pendant qu'Édith faisait sa sieste obligatoire de 14 heures à 17 heures, alors que nous nous promenions dans le bois au bout du parc, Simone me confia :

« Personne dans le monde médical ne parvient à comprendre quelle force la maintient en vie. Ni le Pr Carat, qui l'a soignée à Ambroise-Paré, ni le Dr de Laval, son médecin depuis des années, ne peuvent s'expliquer comment elle peut chanter, marcher, raisonner.

— Ils devraient pourtant s'y accoutumer. Édith est une habituée de ces résurrections.

— C'est vrai, mais cette fois-ci une chose est rigoureusement certaine, prouvée par toutes les analyses et examens qu'elle vient de subir. Si par malheur Édith commet une imprudence, si par malheur elle retombe dans un coma hépatique, dites-vous bien qu'elle en mourra. »

Nous avions encore marché quelques minutes, en silence. Margantin m'avait impressionné, mais je ne voulais pas en tenir compte, attribuant son propos à un pessimisme caractérisé.

À la fin de sa sieste, Édith se retrouvait au salon où elle disputait avec Simone et Théo, parfois aussi Francis, des parties de scrabble. Elle était nulle. Théo était imbattable. Enfin arrivait l'heure du dîner. La longue table étroite ancienne s'était garnie de nouveaux convives. Les parents de Théo, ainsi que sa sœur aînée Christie, avaient été invités à passer quelques jours à La Serena. M. Lamboukas était très petit, très rond, totalement chauve. Il passait son temps à lire ou à la piscine, et il m'émerveilla par sa façon pittoresque de plonger comme un gros galet. Mme Lamboukas, les cheveux grisonnants et ondulés, avait un visage très doux et parlait peu, à cause d'une excessive timidité. Christie était, à l'époque, potelée et incroyablement écervelée. Édith l'avait surnommée « Colibri », mais néanmoins elle avait consenti, à la demande de son mari, de l'aider à devenir chanteuse. Je demande pardon à Christie, mais sa manière de chanter, à ce moment-là, était redoutablement pénible. Elle avait une voix stridente et un peu fausse. Et elle chantait tout le temps.

Édith allait de mieux en mieux. Charles Aznavour était venu lui rendre visite, puis Charles Dumont, invité à La Serena quelques jours, était arrivé les bras chargés de langoustes... que Margantin avait confisquées. Ensuite, Raymond Asso, celui qui avait sorti Édith des tentacules du milieu de Montmartre, qui lui avait écrit *Mon légionnaire*, qui avait été son amant, qu'elle avait trompé, puis écarté de sa vie alors qu'il était mobilisé en 1939, était venu à son tour. Seuls, tous deux sur la terrasse, tandis que Théo jouait au ping-pong avec Francis, ils avaient parlé longuement. Vers la fin de l'entretien, Édith avait appelé Simone et lui avait demandé d'aller chercher son sac à main qui contenait son argent liquide.

Denise Gassion, sa sœur, était venue également avec ses deux enfants ; elle aussi était repartie après avoir reçu une aide financière d'Édith.

C'est quelque temps après ces visites que Margantin faillit provoquer un esclandre. Édith l'avait envoyée, avec le chauffeur, retirer cent mille francs anciens sur son compte du Crédit Lyonnais. À son retour, Simone avait remis l'argent à Édith, qui l'avait fourré dans son sac sans même le regarder. L'après-midi, alors que les deux femmes étaient seules dans la chambre à coucher, Édith demanda à l'infirmière de ranger la somme dans un tiroir. Instinctivement, Simone compta la liasse : elle ne contenait plus que cinquante mille francs. Horriblement gênée, les larmes aux yeux, Margantin jura qu'elle avait bien rapporté le double.

« Gourde comme tu es, lui dit Édith en riant, tu as dû établir un chèque de cinquante mille francs, et voilà tout.

— Mais pas du tout, Édith, s'enflamma Margantin, je te garantis que j'ai pris cent mille francs.

— Tu m'ennuies avec tes histoires d'argent », trancha Édith.

La semaine suivante, Margantin dut retourner à la banque pour retirer de nouveau de l'argent. Mais, rendue prudente par son expérience précédente, elle demanda à Édith d'établir le chèque personnellement. Le montant était identique. Au retour de Nice, Simone compta les billets en présence d'Édith et les plaça, elle-même, dans le sac à main qu'elle remonta dans la

153

chambre. Il était midi et tout le monde passa à table. À la fin du repas, alors qu'Édith et ses invités se dirigeaient vers le salon pour déguster bourgeoisement le café, Margantin s'esquiva et regagna la chambre d'Édith pour vérifier la liasse de billets : il manquait déjà vingt mille francs ! Cette fois-ci, aucun doute n'était possible : quelqu'un avait mis la main dans le sac. Indignée, elle revint au salon, se dirigea vers Édith qui tricotait distraitement, sur un fauteuil, à l'écart, sans participer aux conversations des autres. Margantin se pencha à son oreille, lui révéla le larcin et son intention de démasquer le coupable.

« Suis-moi ! » lui intima Édith.

Se soutenant au bras de Simone, elle l'entraîna sur la terrasse. Les deux femmes s'installèrent dans les fauteuils en rotin. Une petite brise du large, qui soufflait par intermittence, leur procurait un court soulagement. D'une voix tendue, Margantin dit :

« Crois-moi, ça ne se passera pas comme ca ! »

Édith eut pour son amie un petit sourire résigné. « À quoi bon, Simone ? soupira-t-elle. Tu crois que je ne le sais pas qu'on me vole ? Toute ma vie on a barboté dans mon sac. Personne n'a été autant volé que moi. Personne ! Quelle importance ? Tu vas être étonnée, je connais même mes voleurs.

— Et tu ne bronches pas ?

— Non, c'est le seul moyen de m'assurer la servilité de certains médiocres qui forment mon entourage. Mais je sais tout ce qui se passe chez moi. »

Elle s'était tue un instant, contemplant la mer qu'une brume de chaleur recouvrait lentement, puis elle avait ajouté avec une sorte de dégoût amusé :

« On fait argent de tout, avec moi. Tu sais quand une artiste de ma renommée fait un achat important, elle bénéficie de réductions sérieuses. Or, ceux qui

154

ont commandé ma voiture, ceux qui ont acheté le train électrique et le vélo de Théo m'ont fait payer le prix fort et ont empoché les ristournes. Ce ne sont que quelques exemples. Tiens, quand ces gens-là vont régler les commerçants chez qui Suzanne se ravitaille, là encore ils touchent.

— Mais comment ça ? fit Margantin.

— Ils se livrent à des chantages. Ils disent à l'épicier, au boucher, aux autres, que s'ils ne leur accordent pas une commission sur les achats, Mme Piaf ira s'approvisionner ailleurs. Crois-moi, le jour où je mourrai, ces gens-là seront bien soulagés, car mes voleurs savent que je les ai identifiés. »

Un peu monotone, la vie à La Serena se poursuivit néanmoins dans le calme jusqu'au 10 juillet. Quand j'étais venu au Cap-Ferrat pour y préparer avec Édith une série d'articles consacrés à son enfance et à ses débuts – que le journal lui payait un prix élevé –, j'avais été étonné par sa vitalité. Elle que j'avais quittée ne pouvant pas faire un pas toute seule, maintenant elle allait et venait avec beaucoup d'assurance. J'avais assisté à sa répétition et je ne pense pas exagérer en affirmant que sa voix avait retrouvé une tonalité, mais surtout une puissance et une résistance qu'elle n'avait pas eues depuis longtemps. Je l'avais observée, ensuite, en train de faire travailler Théo et Christie, et là encore je dois admettre qu'elle me stupéfia : même Christie qui, il est vrai, bûchait dur, avait accompli des progrès. Et puis il y avait son regard bleu qui avait retrouvé ces éclairs volontaires, quand Édith commandait, quand Édith exigeait, quand Édith tyrannisait.

Car, sa vigueur et la santé revenues, tout devait plier sous son joug. Malheur à celui qui osait aller se rafraîchir dans la piscine : « Est-ce que j'y vais moi ? non !

Alors faites comme moi. » Je dois signaler que personne ne se risquait à descendre jusqu'à la plage privée. Malheur à celui qui arrivait à table, ne fût-ce qu'une seconde, après elle. « On ne t'a pas appris la politesse ? » lançait-elle notamment à Théo, penaud. Malheur à celui qui faisait une fugue au Cap-Ferrat pour acheter un journal ou boire une bière à une terrasse de café : « Si quelque chose vous manque ici, si vous n'êtes pas content, partez ailleurs. Je ne vous retiens pas ! »

Comme je n'étais pas soumis au même régime, lorsque je m'absentais j'avais toujours une liste de courses à faire pour les bagnards d'Édith. Il m'arrivait aussi d'aller retrouver des amis, à Cannes ou à Saint-Tropez, et je partais sous les regards envieux des captifs de La Serena. À mon retour, Édith me faisait un peu la tête quand même. Parfois, elle me faisait aussi la morale : « Qu'est-ce que ça vous rapporte de traîner la nuit et de picoler, hein ? » Je lui répondais qu'elle avait suffisamment traîné, passablement bu, et qu'elle était mal placée pour me faire la leçon.

« Regardez où j'en suis aujourd'hui ? une loque. C'est ce que vous voulez devenir aussi ? Mon exemple ne vous suffit pas ? »

Comment rivaliser avec autant de mauvaise foi ?

Amené ou invité par je ne sais qui, peut-être par Théo, un musicien avait débarqué à La Serena avec ses gros bagages et ses petites haltères.

De taille modeste, il était, à cause de l'entraînement intensif et quotidien, musclé à bloc. C'était un culturiste acharné qui ne pouvait soulever un crayon sans que saillissent ses biceps. Il était gai, farceur, et son humour à base de calembours obtenait parfois quelques sourires. Sans doute comptait-il rester à La Serena, car le nombre de ses bagages laissait prévoir une longue halte. Le soir, il réclama son couvert, s'installa à la table avec nous et dévora.

Personne ne lui demanda d'où il venait, pourquoi il était là, ni même s'il répétait avec Édith. Il se prénommait Max. Pendant tout le dîner, assis près de Margantin, boudeuse, il ne cessa de parler, potiner, juger. Édith l'écoutait, l'œil rond, et en oubliait d'avaler son riz à l'eau qui ne la tentait pas.

« Mange donc ! maugréa Margantin, au lieu d'écouter des sottises.

— Comment voulez-vous qu'elle ait de l'appétit avec ce riz que même des Chinois refuseraient ! fit Max en gonflant ses pectoraux et en décochant à Édith une œillade complice.

— Il a raison, fit Édith pour agacer Simone dont elle avait perçu l'antipathie pour le musicien.

— Pardi que j'ai raison, reprit Max. Regardez-moi : je me porte comme un roc et je mange et je bois tout ce que je veux. Et savez-vous pourquoi je suis toujours en pleine forme, d'attaque ?

— Non, admit Édith, intriguée.

— Pour la bonne raison que je ne mange que ce dont j'ai envie. Or, tout ce qui fait envie n'est pas nuisible. Par contre, ce qui est mauvais pour la santé ce sont les envies refoulées, qui tapent sur les nerfs et provoquent des ulcères. »

À table, personne ne pipait mot et Édith fixait le nouvel invité, bouche bée. Max, réalisant soudain l'intérêt qu'il suscitait chez Piaf, reprit son exposé :

« Il faut écouter la nature, Édith, il ne faut écouter qu'elle ! Vous avez envie de fraises ? Mangez des fraises. Votre organisme en a besoin. Vous avez envie d'omelette ? Mangez une omelette ! Votre organisme a besoin d'œufs ! C'est évident.

— Tu as entendu, Simone ? » lâcha Édith.

À sa voix, à son regard, nous fûmes quelques-uns à réaliser que l'ère de la tranquillité était terminée.

« J'ai entendu et je trouve cette théorie primaire, idiote et dangereuse, siffla Margantin entre ses dents, en lançant un regard méprisant à Max qui reprenait du gigot.

— Eh bien, moi pas ! » dit Édith.

En pointant sa fourchette vers elle, les joues pleines et gonflées, Max parvint à articuler :

« Vous avez raison, Édith, mangez ! »

Pourquoi Max agit-il ainsi ? Par pure sottise ? Était-il vraiment bête à ce point ? Ou alors pour bien s'installer dans sa place forte de courtisan ? Après avoir avalé sa bouchée tout en découpant sa viande, il insista :

« Croyez-moi, Édith, n'écoutez pas les médecins. Ce sont tous des commerçants. Un bon repas, c'est la santé.

— Vous êtes complètement idiot », intervint avec colère Margantin qui sentait combien les arguments du musicien avaient influencé Édith. Mais il était trop tard.

« Max a raison, conclut Édith. Ce soir, je vais déguster une omelette.

— Bravo ! » fit Max qui remportait sa première victoire.

Rien ne put dissuader Édith de commettre une telle imprudence. Ni la fureur de Margantin, ni les suppliques de Théo, ni les arguments de Dumont. Elle voulait une omelette, elle l'eut. Avec quatre œufs. Et elle l'avala avec avidité, tout en jetant des regards provocants à Simone et en marmonnant :

« Ici, la patronne c'est moi. Et c'est moi qui commande, un point c'est tout. »

Pourquoi Édith agit-elle de la sorte ? Je pense – Margantin, Dumont et peut-être Barrier partageront mon avis – qu'elle éprouvait le besoin irraisonné de bluffer, de prouver aux autres, mais surtout à elle-même, que quoi qu'il eût pu lui arriver, elle demeurait toujours Piaf. C'est-à-dire cette femme qui pouvait tout se permettre, car elle surmontait tout, et les accidents, et les chagrins, et le mal. Je pense aussi que ce comportement est inhérent au métier d'artiste. Le choix de s'exhiber en public, sur une scène, laisse supposer un besoin d'adulation. Aussi, quand le spectacle est fini, quand le rideau est baissé, il doit être difficile de revenir sur terre et d'avoir un comportement normal, banal. Pour les artistes, la représentation est permanente, ce qui les contraint à vivre en état de tension constante ; ce qui aussi leur ôte, au fil du temps, leur spontanéité.

Édith n'échappait pas à ce phénomène. Quand elle était souffrante, diminuée, donc dépendante, elle tolérait que l'attention qu'elle suscitait et qu'elle exigeait se déroutât un peu. Mais rétablie – et c'était le cas en ces premiers jours de juillet –, il fallait que de nouveau tout convergeât vers elle. Tous les moyens lui étaient bons pour capter les regards, susciter l'admiration. Même les folies. Ce fut le cas au cours de ce dîner.

Le lendemain matin, à 11 heures précises, Édith répétait, selon son habitude, au salon. L'écart alimentaire n'avait eu aucune conséquence et Max, ses muscles étalés et au repos sur un divan, ne manqua pas de le faire remarquer à Margantin. « Elle se porte comme un charme », lança-t-il. L'infirmière ne lui répondit pas. Depuis la veille au soir, elle n'adressait plus la parole à Édith, qui écumait de rage ; Margantin se contentait de lui administrer ses soins.

Accompagnée par Noël et Francis, Édith répéta plus d'une heure, et sa voix ne trahit aucune faiblesse, sa mémoire n'eut aucune hésitation. Entre deux chansons, tandis qu'elle reprenait son souffle, elle nous parcourait du regard ; ses yeux bleus, vifs et malicieux, nous faisaient comprendre qu'elle avait manigancé un nouveau mauvais coup.

« Qu'a-t-elle encore inventé ? » me glissa Margantin, anxieuse.

Dès que nous passâmes à table, nous fûmes fixés : trônant dans une grande soupière, fumant, sentant bon, un riz à l'espagnole, une paella riche de moules, crevettes, poulet, poivrons et tous les ingrédients, nous attendait.

« Voici ma surprise ! dit triomphalement Édith.

— J'espère que tu ne vas pas y toucher ? »

La sévérité qui perçait dans la voix de Margantin n'intimida pas Édith.

« Si tu crois que je vais me gêner ! lui répliqua-t-elle.

— Fais comme tu veux, dit Simone résignée, mais je te préviens, tu le regretteras très bientôt.

— Mais quelle rabat-joie, celle-là ! » jeta Max en plongeant la louche dans la soupière.

Théo gardait les yeux baissés. Je participais à ce banquet. Je me souviens des sourires indulgents et complices que la plupart des convives échangèrent avec Édith. Moi, je m'étais rangé dans le camp des perdants, le camp de Margantin et de Dumont. Je me souviens aussi de notre courte promenade dans le parc, lorsque Édith, gavée après avoir avalé deux portions copieuses, était partie faire sa sieste. Théo jouait au ping-pong avec Francis. Noël était resté à l'ombre du salon avec son épouse venue le rejoindre.

Tout en nous dirigeant vers le bosquet, je dis soudain à Simone :

« Et si nos craintes étaient injustifiées ? Si Édith était maintenant suffisamment rétablie pour pouvoir supporter ces écarts de régime ? Avec elle, tout est possible, ne le croyez-vous pas ? »

D'un ton lugubre, Margantin ne me laissa aucun espoir :

« C'est un peu trop compliqué à expliquer, mais sachez que tous les examens qu'Édith a subis à Ambroise-Paré l'ont quasiment condamnée. Son foie ne fonctionne presque plus, c'est presque une partie de son organisme déjà morte. Si elle a surmonté, jusqu'à présent, toutes ces crises, c'est uniquement parce qu'elle a un cœur d'une robustesse exceptionnelle. Mais ne vous faites pas d'illusions : son foie, qui parvenait encore à remplir, bien que très au ralenti, ses fonctions tant qu'elle suivait son régime alimentaire, ne résistera pas à ces dernières bêtises. Mes craintes, hélas, ne sont pas injustifiées, vous le verrez. »

À ce moment, Simone avait détourné le regard pour masquer les larmes qui brouillaient sa vue. Elle sortit rapidement son mouchoir.

« Je suis désolée, me dit-elle doucement, affreusement désolée. C'est idiot à dire, mais je me suis très attachée à Édith et je sais qu'elle aussi s'est attachée à moi. Si nous avions été seules, je l'aurais sauvée, parce que, ensemble, nous nous entendons très bien ; j'obtiens tout ce que je veux d'Édith. Malheureusement, il y a cette bande de médiocres autour d'elle qui ne m'apprécie guère. Ce sont ses courtisans qui la tueront. J'avais déjà fort à faire avant, il ne manquait plus que cet abruti de Max. »

Le soir, Édith, très en forme et loquace, dégusta une nouvelle omelette. Pendant tout le temps que dura le dîner, Margantin dut subir stoïquement les quolibets d'Édith, de Max, de Théo et des autres. Seuls, M. et Mme Lamboukas ne participèrent pas aux rires. Quand ils regardaient à la dérobée Édith, leurs yeux étaient graves et tristes. Pour ma part, je le reconnais, en voyant Édith si détendue, heureuse et débordante de vitalité, je commençais à douter des propos funestes que Simone m'avait tenus lors de notre dernière balade.

Je me disais que dans quelques jours nous serions tous fixés, que nous saurions qui l'emporterait, des inquiétudes de Margantin ou de la philosophie béate de Max.

La réponse fut donnée à 3 heures du matin. Après le dîner, s'était déroulé l'exode coutumier vers le salon. Quand Christiane eut servi café, bières et whisky, la grande salle avait pris son allure de tripot. Des petits clans s'étaient formés. Certains jouaient aux cartes, d'autres aux dés, d'autres encore avec une petite roulette. Édith, elle, cherchait toujours une victoire au scrabble sur Théo.

Un peu avant le coucher de la Patronne, les nerfs de Margantin avaient cédé. Ulcérée, elle avait fait irruption au salon et d'une voix haut perchée, vibrante, elle avait reproché aux joueurs non seulement de piller le garde-manger, mais surtout de vider sans scrupule les pots de jus de pamplemousse qu'elle pressait à longueur de journée pour Édith. Pitoyable, debout au milieu de la grande salle, elle pérorait dans le désert, car personne ne lui prêta attention, pas même Édith qui ne lui accorda qu'un regard excédé.

L'échec était flagrant et humiliant. Alors, se sentant déjugée, Margantin s'approcha de la table où Édith et Théo jouaient, puis elle dit :

« Dès demain matin, je téléphonerai à Nice pour qu'on t'envoie une nouvelle infirmière. Malgré l'affection que j'ai pour toi, cette fois-ci je te quitte. »

Édith composa un mot, ne lui répondit pas. Dans le silence, Simone quitta la pièce.

À 23 heures, quand Édith entra dans sa chambre, Margantin l'aida dans sa toilette du soir, lui donna les soins habituels, prit la tension et le pouls ; sans un mot, elle quitta la pièce, gagna sa chambre où elle commença à préparer ses valises.

Allongée sur son lit, Margantin, énervée et dépitée, ne dormait toujours pas quand elle entendit gratter à sa porte. Dans son pyjama bouffant qui lui valait les railleries de Piaf, elle alluma, puis alla ouvrir. C'était Théo, apeuré, qui bredouillait :

« Édith n'est pas bien du tout. Depuis un moment, elle geint. Je voudrais la réveiller, mais je n'ose pas. »

Machinalement, en enfilant sa robe de chambre, Simone regarda son réveil. Il indiquait 2 h 57. Dès qu'elle fut à son chevet, l'infirmière sut immédiatement que Piaf était dans un état précomateux. Aussitôt qu'elle posa ses mains sur elle pour la réveiller, les plaintes d'Édith s'accrurent, car dans ces moments-là tout contact lui était douloureux.

« Alors ? demanda Théo d'une voix blanche.

— C'est le coma. »

Aucun doute n'était possible. Édith avait des mouvements irraisonnés et désordonnés, des gestes brusques, convulsifs, symptomatiques et précurseurs du coma hépatique.

La longue agonie débutait.

163

Pendant trois jours, Édith vécut sous sérums. Un médecin niçois passait à 6 heures du matin et le soir, apportait quelques variantes aux composants du goutte à goutte, puis repartait après avoir constaté qu'aucune amélioration n'était intervenue. Pendant trois jours, Margantin demeura invisible. Elle ne quittait plus le chevet de Piaf, prenant sa tension et son pouls tous les quarts d'heure, surveillant le sérum, essuyant son visage et son corps en sueur avec des compresses. Théo, parfois ses parents, lui apportaient ses repas sur des plateaux et restaient un moment dans la chambre aux stores baissés. Margantin en profitait alors pour aller se détendre un peu sur le balcon.

Enfin, le troisième soir, Simone apparut au salon. Elle marchait comme une automate, elle avait les yeux boursouflés par la fatigue. Elle s'avança de quelques pas, puis dit :

« Édith a repris connaissance. »

Alors, après tant d'heures d'angoisse vécues dans cette chambre qui ressemblait à un sépulcre, Margantin pleura.

Depuis la veille, Max avait quitté La Serena avec haltères et bagages...

Il fallut attendre quarante-huit heures avant qu'Édith ne recouvrît toute sa lucidité. Les premiers mots qu'elle articula difficilement, avec un fil de voix, quand elle aperçut le visage de Simone penché sur le sien, furent : « Mon pauvre chou, je te demande pardon, pardon, pardon. » Ses lèvres étaient sèches, craquelées et la faisaient souffrir. Avec des gestes précis et doux, Margantin les lui humecta avec une gaze humide.

« Tu es crevée, Simone, murmura Édith. Fais venir une infirmière pour que tu puisses te reposer. Je ne veux pas que tu tombes malade toi aussi... »

En fin d'après-midi, une jeune aide, très intimidée de soigner Piaf, arriva. Aussitôt, sans même attendre l'arrivée du médecin, Simone alla se coucher. Elle dormait profondément lorsque vers 4 heures du matin, sa remplaçante vint la réveiller :

« Mme Piaf réclame de l'aspirine, car elle ne parvient pas à s'endormir, mais je n'ai pas osé lui en donner. Elle vous réclame.

— Vous avez bien fait, soupira Simone. C'est bon, j'arrive. »

Margantin – elle me l'expliqua plus tard – refusa l'aspirine à Édith. En effet, elle craignait que, pendant son état comateux, la malade n'eût eu un saignement interne ; or le remède, pourtant bénin, les favorise. Quand elle pénétra dans la chambre très faiblement éclairée, Édith avait les yeux grands ouverts.

« Je voudrais tellement me reposer, gémit-elle.

— Calme-toi, ma chérie. »

Simone s'allongea sur le lit, près d'Édith, lui effleurant le front du bout de ses doigts jusqu'au moment où elle s'endormit. Quand elle voulut se lever, Édith chuchota : « Ne me laisse pas, j'ai peur », et elle lui agrippa la main. Enfin, elle s'assoupit.

Margantin se réveilla à 10 heures du matin. Près d'elle, Édith la fixait, souriante et goguenarde :

« Ah ! tu consens à ouvrir les yeux ! Quand tu dors, il pourrait passer un train dans la chambre, il ne te réveillerait pas ! »

Margantin cligna des yeux, se frotta paresseusement les paupières.

« Décidément, fit-elle, ta vitesse de récupération me stupéfiera toujours... »

Le temps d'une nuit, Édith était métamorphosée. Quand je montai lui souhaiter le bonjour, son teint jaune s'était estompé et elle remuait ses jambes sous la couverture. Je ne restai que quelques minutes, pour ne pas la fatiguer. Au moment de quitter la chambre, je l'entendis demander à Margantin avec une voix enfantine :

« Tu n'es plus fâchée ?

— Je devrais…

— On fait la paix ?

— Bien sûr.

— Crois-tu que nous sommes bêtes… »

Le soir du 13 juillet, Édith assista à une revue intime. Francis Laï et Marcel, le mari de Danielle, en tête avec leurs accordéons, les autres derrière, dont Suzanne, Christiane et le chauffeur, les uns ayant des casseroles sur la tête, d'autres utilisant des couvercles en guise de cymbales, firent irruption dans la chambre d'Édith et défilèrent au pas en chantant *La Marseillaise*. Puis, la parade terminée, tout le monde s'assit par terre, autour du lit, et Édith, de nouveau pleine de vitalité, leur interpréta, accompagnée par les accordéons : *Nini, peau de chien*.

Le lendemain, je prenais congé d'Édith. Margantin, qui m'avait gentiment accompagné jusqu'à ma voiture, me dit :

« Quand vous reviendrez, nous ne serons plus ici. J'ai convaincu Édith de louer une autre propriété plus petite. Moins il y aura de place, moins il y aura de pique-assiette et de visiteurs.

— Pensez-vous qu'elle s'en sortira ?

166

— Non. Les médecins d'Ambroise-Paré m'avaient bien précisé que, si elle passait six mois sans coma hépatique, elle avait une chance de vivre. Mais si elle rechutait avant, elle était perdue. »

Simone pivota sur ses talons et, d'un pas harassé, se dirigea vers La Serena.

Pendant le mois d'août, je me retrouvai à Cannes avec Vassal deux fois où nous dûmes assurer des reportages sur Manouche et Johnny Hallyday. Chaque fois, nous allâmes rendre visite à Édith dans sa nouvelle retraite, que Théo avait louée à la sortie de Mougins. La villa, plus petite, avait l'avantage d'être moins exposée au soleil que La Serena, mais elle avait l'inconvénient d'être placée dans un virage, et le bruit de la route était intense et incessant.

Comme nous étions arrivés sans crier gare lors de notre première visite, Édith s'apprêtait à aller faire sa sieste. Nous la trouvâmes, entourée de Théo et de Simone, allongée sur une chaise longue rembourrée de coussins, et nous bavardâmes avec elle moins d'une demi-heure. À l'ombre sous un parasol, de grosses lunettes de soleil qui lui dégringolaient sur le nez dès qu'elle parlait – ce qui l'énervait – et que Théo veillait à rajuster, elle buvait du thé léger et froid. La tasse tremblait dans ses mains et le liquide glissait sur sa joue, tachait la robe de chambre bleue. Simone lui essuyait régulièrement le menton.

Édith nous parla peu. Par bribes. Des bouts de phrases qu'elle n'achevait pas. Visiblement, la chaleur l'anéantissait. Je la fixais et j'avais l'impression, par moments, que ses yeux se fermaient derrière ses lunettes, qu'elle somnolait. À aucun moment elle ne fit allusion à son travail, à croire qu'elle avait renoncé à tout projet, qu'elle s'abandonnait à sa défaite. Je me souviens qu'elle nous raconta une deuxième visite que

Charles Aznavour, malgré sa tournée, lui avait rendue et qui l'avait touchée : « Il a été très drôle, Charles. Il a esquissé pour moi des pas de danses russes... » Puis un peu après, elle ajouta : « Il est une des rares personnes qui m'aient proposé une aide financière... Ils sont très rares... Je pourrais les compter sur les doigts d'une main. » De nouveau, un long silence. Puis encore, elle nous dit : « Théo va aller s'installer à Paris. Il tourne dans *Judex,* c'est son premier film... J'aimerais beaucoup si vous pouviez l'épauler... Essayez d'écrire de nombreux articles sur lui... Les gens ne l'aiment pas, pensent des choses désagréables sur son compte... Soyez gentils, aidez-le. » Ce fut tout. De plus en plus apathique elle se laissa entraîner, sans résistance, par Simone et Théo jusqu'à sa chambre. De la voir ainsi, sans ressort, nous déprima. Nous avions beau être habitués à sa santé en dents de scie, jamais elle ne nous était apparue aussi vaincue.

Margantin revint seule. Théo était resté au chevet de sa femme. Voyant nos têtes catastrophées, elle s'efforça de nous rassurer. « Vous n'avez pas de chance, expliqua-t-elle, jusqu'à hier, elle plaisantait avec vivacité. Aujourd'hui, elle est abattue, mais c'est normal qu'elle ait du mal à récupérer. » Le soir même, nous l'avions invitée à dîner dans un restaurant du quai Saint-Pierre, à Cannes. C'était sa première sortie depuis son arrivée près d'Édith. Nous bavardâmes de choses et d'autres, évitant de parler d'elle qui nous préoccupait tant. Mais quand nous la raccompagnâmes vers 23 heures et que je lui demandai comment elle envisageait l'avenir, Simone ne tricha plus :

« L'avenir ? Il sera court. Actuellement, elle a des périodes de vitalité parce que je l'emmène deux fois par semaine dans une clinique où on lui fait des implants. Mais, tôt ou tard, ils n'auront plus d'efficacité.

— Et alors ?

— Elle s'éteindra. À mon avis, je crois qu'elle n'en a plus que pour six mois à vivre. Au plus. Si tout va bien. »

Lorsque nous retournâmes à Mougins, dans la seconde quinzaine d'août, c'est Margantin qui nous accueillit. À son air agité, aux regards paniqués de Danielle qui passa vite sans nous saluer, à la voiture que Christian vint ranger près de la porte et dans laquelle il étala une couverture, nous comprîmes que quelque chose d'extrêmement grave se déroulait.

« Que se passe-t-il ? demanda Vassal.

— Je ne peux rien vous dire sinon que vous tombez mal et que vous ne devez pas rester ici.

— Mais enfin, qu'est-ce qu'il y a ? insistai-je.

— On emmène Édith en clinique, elle vient de faire une rechute. Ne m'en demandez pas plus, concéda Simone.

— Quelle clinique ? fit Vassal.

— C'est ça, pour que vous alliez faire des photos !

— Oui, dis-je froidement, tout en sachant combien mon attitude la choquerait et la peinerait, car nous étions devenus amis.

— Eh bien, n'y comptez pas. »

La balourdise de Danielle, complètement affolée, vint à notre secours. Elle accourut vers nous, ses joues potelées tressautant à chaque pas. D'une voix essoufflée, elle annonça à Simone :

« Le docteur vient d'appeler. Il confirme qu'il y a bien une chambre à la clinique Le Méridien. »

Margantin nous toisa, Vassal et moi, avec une moue de dégoût. Elle nous tourna le dos, puis s'éloigna.

La voiture était garée à une cinquantaine de mètres en face de la clinique, sur une hauteur qui dominait la cour d'entrée. L'emplacement était idéal pour ce que nous avions à faire. Malgré les vitres baissées, il n'y avait pas un brin d'air, et nos vêtements nous collaient désagréablement à la peau. Hugues chargeait son appareil, puis fixait un téléobjectif. Moi, je surveillais la route par où arriverait la Mercedes bleue d'Édith. Ni Vassal ni moi n'avions envie de parler.

Nous avions mauvaise conscience. Nous n'osions pas nous regarder. Dans le passé, il nous était arrivé, parfois, d'avoir un comportement suspect, mais jamais nous n'avions éprouvé ce sentiment opprimant que procure l'attente de la trahison. Un sentiment détestable. Rien ne nous obligeait à nous conduire d'une façon aussi blâmable, sinon un aberrant réflexe journalistique. Dans nos têtes, grouillaient déjà nos scrupules et nos remords anticipés ; nous cherchions confusément ces justifications doucereuses qui nous permettraient de gommer nos dégoûts. Si j'écris cela ce n'est pas pour me livrer à un *mea culpa* tardif, mais pour essayer d'expliquer combien dans l'entourage d'Édith – comme généralement dans celui des autres grandes vedettes – les relations humaines étaient entachées d'équivoque. Sur le fil de l'amitié, nos tendresses et nos intérêts professionnels s'emmêlaient, formant des nœuds inextricables. À l'exception de Margantin, qui ne faisait que transiter, nous avions tous besoin les uns des autres : Coquatrix d'Édith, Édith de Coquatrix ; Dumont d'Édith et Édith de Dumont ; Pathé-Marconi d'Édith et Édith de Pathé-Marconi ; Loulou Barrier d'Édith et Édith de Loulou..., et ainsi de suite, jusqu'à nous.

170

Nous étions envers elle d'une sincérité et d'un dévouement absolus ; Édith nous les rendait bien. Nous pouvions compter, les yeux fermés, les uns sur les autres. Alors, puisque l'amitié est un sentiment plus puissant que les liens du sang, puisque l'amitié, si elle se veut exemplaire, doit tout accepter, tout admettre, il était fatal que nous nous trahissions tous un peu. L'amitié ne comporte-t-elle pas, quand elle est vraie, un ingrédient pratique : l'indulgence ?

« La voilà ! »

L'œil droit de Hugues se colla à son appareil et une dernière fois il contrôla la mise au point. Au pas, la Mercedes pénétra dans la cour, s'immobilisa devant le perron. Théo en sortit, pénétra dans la clinique et reparut aussitôt après portant un fauteuil de rotin qu'il posa près de la portière arrière. Une religieuse le suivait.

Pendant quelques minutes, nous ne vîmes plus rien, car la Mercedes nous masquait les personnages. Et puis, d'abord les têtes, puis les épaules, enfin en entier, ils nous apparurent de nouveau. Théo était à droite, la religieuse était à gauche. L'un et l'autre soutenaient le fauteuil dans lequel ils avaient installé Édith, dont les jambes maigres, blanches, battaient dans le vide. Margantin les accompagnait, les bras ballants. En sortant de la voiture, elle avait scruté les alentours cherchant à nous démasquer, mais Hugues et moi étions tapis dans la voiture. Le temps que Théo et l'infirmière aient disparu dans la clinique, Vassal put faire une dizaine de photos. De notre poste d'observation, nous vîmes Margantin jeter un dernier coup d'œil méfiant, puis elle referma la porte.

« Elle a l'air rudement mal en point, la pauvre », murmura Vassal.

La photo qui parut dans le journal était atroce. Elle montrait Édith inerte dans le fauteuil. Son visage, que les grosses lunettes de soleil ne parvenaient pas à dissimuler, était boursouflé, défiguré.

Environ une semaine plus tard, la radio annonçait que Piaf avait quitté la clinique, regagné sa villa, qu'elle se rétablissait très vite, qu'au fond il y avait eu plus de peur que de mal. En somme, elle n'avait eu qu'un simple malaise et son transport au Méridien n'avait été qu'une simple précaution. Je me doutais bien que l'entourage réduit d'Édith, qui ne se composait plus que de Simone, Théo et Barrier, essayait de minimiser l'événement. Tous les trois s'étaient ligués pour répandre le bruit qu'au fond Édith n'allait pas si mal que ça.

Ce mensonge était à l'usage du show-business qui, se doutant qu'Édith était perdue, retirait le nom de Piaf de ses tablettes, de ses programmes, de ses affiches. Or, un miracle étant toujours possible, Loulou et Simone essayaient de préserver l'avenir.

Nous avions mal agi, Hugues et moi. Nous le regrettions, nous l'admettions, mais c'était fait. Depuis, nous n'avions pas osé donner signe de vie à Mougins, mais chaque fois que nous nous rencontrions, nous nous demandions : « Qu'est-ce qu'elle devient ? »

Un jour, prenant mon courage à deux mains, comme on dit, je me décidai à téléphoner là-bas. Je redoutais de tomber sur Danielle qui m'aurait raccroché au nez, ou sur Théo qui aurait geint interminablement. J'eus la chance d'avoir Margantin : « Ah ! c'est vous ? » Sa voix était pointue. « Oui. »

Il y eut un assez long silence au cours duquel je me demandai si elle n'allait pas couper la communication, puis elle reprit sur un ton plus chaleureux :

« Vous avez de la veine de m'avoir comme amie et que je fusse là quand Édith a repris connaissance. Des gens bien intentionnés – vous vous doutez de qui je veux parler – s'apprêtaient à lui montrer votre journal avec la photo terrible que Vassal a prise. Je suis intervenue en affirmant – ce qui était vrai – que, si Édith avait découvert dans quel état de décrépitude elle était tombée, cela aurait pu lui causer un choc fatal. Je pus donc escamoter votre œuvre.

— Comment va Édith ? » demandai-je.

Margantin hésita avant de répondre :

« Ça suit son cours. Viendrez-vous sur la Côte ? Car dans ce cas, je vous préviens que le 1er septembre nous déménageons. Théo a trouvé une nouvelle location, à Plascassier. Nous sommes allés la visiter avec Édith. C'est la maison de repos parfaite. »

4

Le village de Plascassier, sous Grasse, se trouve à une vingtaine de kilomètres de Cannes. Pendant long-temps, la mer est visible et puis, à mesure que l'on s'élève dans les collines, la végétation devient plus touffue et sombre. Alors la mer disparaît et c'est un paysage presque alpestre qui se dévoile. Après une nouvelle côte plus rapide, le village apparaît, bâti sur un plateau. Une petite route mi-terreuse, mi-caillou-teuse, dans laquelle deux voitures ne pourraient se croiser, quitte le pays, surplombe pendant quatre kilo-mètres un vallon rocailleux à l'herbe grise et rase. C'est dans une courbe serrée que se trouvait l'entrée de la maison où s'était réfugiée Édith. Une allée de gravier conduisait à l'habitation de style baroque qui tenait de la maison normande et du chalet savoyard. Une construction bizarre qui s'appelait, néanmoins, un mas provençal. Juste en face de la maison, une pis-cine aux dimensions modestes avait été aménagée ; des feuilles mortes y stagnaient dans une eau sale ; des buissons et des arbres cernaient la propriété.

Le ciel était gris quand nous arrivâmes pour la pre-mière fois avec Vassal. Et pour rendre le décor encore plus triste, le vent soufflait avec une certaine force.

Danielle nous ouvrit la porte étroite qui donnait sur une entrée exiguë. Une autre porte, à droite, communiquait avec l'office et la cuisine ; encore une autre, à gauche, donnait accès au vaste salon aux poutres apparentes, dans lequel se dressait une cheminée monumentale. En face, entre les deux portes, un escalier de bois amenait aux chambres. Les effusions et les minauderies que Danielle déploya à notre égard, en nous accueillant, nous firent comprendre que nous étions redevenus *personae gratae* dans la maison.

« Alors, ça vous plaît ici ? lui demanda Vassal.

— Mais oui, mais oui, Hugues, lui répondit-elle de son débit toujours précipité, sauf que j'ai un travail fou depuis que Suzanne et Christiane sont remontées à Paris avec Christian pour servir Théo. »

Toujours souriante, Danielle nous ouvrit la porte, et nous entrâmes dans le salon. Édith se tenait près de la fenêtre, allongée sur un fauteuil roulant, non pas d'infirme mais pour vacancier, avec un matelas épais en mousse et de grosses roues en bois, qui le faisaient ressembler à un jouet. Elle tricotait en bavardant avec Simone. Dès qu'elle nous vit, elle eut, à notre égard, un sourire qui exprimait tant de tendresse et de joie que je ressentis un remords amer, douloureux, de l'avoir abusée. « Lâcheurs ! » nous dit-elle. Nous nous embrassâmes.

« Si vous saviez ce que Simone et Théo m'ont fait, à la clinique de La Bocca ! commença-t-elle en prenant une expression outrée. C'est une sacrée chance que je sois encore en vie avec une infirmière comme celle-là, fit-elle en pointant le menton vers Margantin, et un mari comme Théo.

— Qu'est-ce qu'ils t'ont fait, Édith ? demanda Vassal.

— Figurez-vous qu'ils m'ont enfermée, soi-disant par mégarde, dans ma salle de bains et ils sont allés dans le parc. J'ai eu beau cogner, appeler, faire un potin du diable, rien à faire : personne ne m'entendait. Je suis restée bouclée près d'une heure.

— Que tu es menteuse, ma pauvre Édith, s'insurgea Margantin. Tu es restée au plus cinq minutes enfermée.

— Une heure, je vous dis, une heure ! Ah ! on peut dire que j'ai été bien soignée par ces deux-là ! »

Nous étions restés longtemps à bavarder, en buvant du thé, lorsqu'on frappa à la porte et une jeune fille de dix-sept ans, brune et mignonne, mais surtout très intimidée, entra, salua Édith et Simone, puis entreprit de faire le ménage.

« Laissez ça ! lui ordonna Édith. Danielle se chargera de ranger et de balayer. Cet après-midi, je vais vous donner votre leçon, si toutefois Simone et ses amis veulent bien nous laisser seules. »

Nous sortîmes dans le parc. Là, tout en marchant, Margantin nous expliqua ce qui se passait :

« Pour donner un coup de main à Danielle qui est seule avec son mari pour s'occuper du ménage, du blanchissage, des courses, des repas, Édith a engagé la jeune fille que vous venez de voir. C'est une étudiante qui a raté son bachot et qui prépare la deuxième session, en septembre. Dès qu'elle l'a appris, Édith s'est apitoyée. Elle m'a chargée de lui donner des répétitions. "Tu comprends, me dit-elle, j'ai trop souffert dans la vie de mon manque d'instruction. Il faut aider cette gamine."

« Inutile de vous dire que la petite ne touche pas à un balai. Quand elle arrive le matin à 9 heures, je lui donne deux heures de cours de français. Actuellement, elle travaille *Andromaque*. Puis, à 11 heures, c'est Édith qui prend le relais : elle lui donne des répétitions d'anglais jusqu'à midi trente. À ce moment-là, elle s'arrête et lui dit : "Filez vite déjeuner à la cuisine et rentrez chez vous pour faire vos devoirs." Aujourd'hui, nous avons bousculé nos horaires, car demain matin je conduis Édith à la clinique où on doit lui poser son implant stimulant hebdomadaire, qui paraît être assez efficace.

— Alors, ça va mieux ? Le danger s'écarte ? »

Margantin eut une moue dubitative :

« On dirait, mais il y a des hauts et des bas. Et les bas sont très fréquents. Elle passe de la gaieté exagérée au découragement le plus profond. Je l'ai surprise souvent le front collé au carreau du salon, en train de pleurer. Dans ces moments de grand désespoir, elle ne cesse de répéter : "Je les paie cher mes conneries." Pour la première fois de sa vie, je crains que sa volonté ne se soit brisée. Et ça c'est grave, car ces guérisons elle les devait aussi, en grande partie, à l'extraordinaire énergie qu'elle employait pour s'en sortir. »

Margantin nous apprit ensuite dans quel abandon elle vivait. Celle qui avait été Piaf passait sa vie désormais dans cette maison à l'atmosphère sinistre, l'oreille tendue, guettant les pas sur les graviers ou le bruit d'un moteur dans le lointain, espérant qu'un ami viendrait la voir. Mais les visiteurs étaient devenus rares maintenant qu'à Paris son déclin était certain. À part Théo et Loulou, qui arrivaient à Plascassier régulièrement chaque week-end, il n'y avait plus que Dumont, Coquatrix, Aznavour et Jean Cocteau à penser fidèlement à elle.

Cocteau qui avait dit d'Édith : « Elle ressemble à une petite cuiller avec son front bombé et sa poitrine creuse » – ce qui l'avait flattée venant de lui – lui téléphonait toutes les semaines et bavardait longtemps avec elle.

Nous étions restés dîner. Puis, de retour au salon, Édith s'était installée sur son fauteuil à roues et s'était emparée d'un livre d'Histoire de France, sa dernière passion. Au bout d'un court moment, le livre avait glissé de ses doigts, était tombé. Édith s'était assoupie. Il était à peine 22 heures, elle avait passé sa journée allongée et elle était épuisée.

Au moment de nous quitter, Simone nous dit :

« Revenez la voir souvent. Elle ignore le coup de la photo et elle vous aime beaucoup. Votre présence la distrait, lui fait du bien, lui permet de croire qu'elle est toujours Piaf. »

Margantin m'avait proposé au téléphone :

« Venez prendre le café, dimanche, à la villa. Théo sera là. »

Quand j'arrivai, avec Vassal, vers 14 heures, malgré un léger vent frais, Édith était dans le parc et disputait une partie de pétanque avec Simone et son mari.

De très bonne humeur, elle trichait : elle éloignait du bout du pied les boules de ses adversaires du cochonnet, affirmait que c'était par mégarde, malgré les protestations de Simone et de Théo.

La partie ne dura pas longtemps. Moins de vingt minutes, car Édith se plaignit d'être fatiguée. Simone lui proposa alors une promenade dans le parc sur son fauteuil à roues, et elle accepta d'un signe de tête. Théo se précipita pour le chercher, puis, secondé par l'infirmière, avec bien des précautions, il aida Édith à s'installer et la recouvrit d'une couverture.

Lentement, afin d'éviter les cahots, nous marchâmes dans le parc, Théo poussant le fauteuil dans lequel Édith s'était endormie, avec Simone à droite et nous de l'autre côté. Nous nous trouvions à une vingtaine de mètres du bois qui entourait la propriété, lorsque

Vassal vit un objet scintiller et me le fit remarquer. Je ne sus pas non plus de quoi il s'agissait. Un peu plus loin, l'éclat brillant recommença. Mais cette fois-ci, Hugues et moi comprîmes : c'était Marcel, le mari de Danielle, qui, à l'abri des feuillages filmait la procession. Il savait bien, le bougre, qu'il engrangeait là les dernières images de Piaf vivante.

L'espoir n'était plus possible. La fin approchait. Quand, quelques jours plus tard, je m'étais rendu à Plascassier, j'en étais reparti bouleversé par ce que j'avais vu. Atteinte d'une crise d'aphasie, Édith ne pouvait plus articuler un mot ; seuls des sons informes, horribles, des grognements s'échappaient de sa gorge. Pitoyable, elle tendait ses bras vers nous, quêtant un secours ; ses yeux bleus, agrandis par une peur folle, allaient de Simone à moi, suppliant un réconfort. Et toujours ces sons incompréhensibles qui nous glaçaient d'horreur.

Nous essayions de la calmer, mais quels mots auraient eu suffisamment de force et de persuasion pour la rassurer ? Édith s'était rejetée en arrière, contre le dossier de son fauteuil. Le visage entre les mains, elle pleurait en silence. Seul son corps était secoué par les sanglots. Ce n'est que le lendemain qu'elle retrouva l'usage de la parole. Elle eut deux autres crises d'aphasie.

Bientôt, à mesure que la fatigue l'envahissait, à mesure qu'elle se consumait, Édith ne put plus supporter ni la lumière ni le bruit. Lors de l'unique repas que je fis à Plascassier, nous dînâmes dans une salle à manger plongée dans la quasi-obscurité. Édith ne tolérait qu'une petite lampe, qui diffusait dans un coin une faible clarté.

Quand Théo et Simone échangeaient quelques mots, pourtant à voix basse, elle criait exaspérée : « Assez ! » À croire que les paroles la blessaient. Péniblement, elle se mettait debout, et d'un geste autoritaire elle refusait toute aide, puis remontait dans sa chambre.

Seuls dans le salon, Simone et Théo guettaient alors le moindre bruit, attendaient un appel de sa part. Ils demeuraient immobiles, tendus, n'osant plus ni parler, ni lire, ni même écouter un disque. Ce n'est que vers 22 heures qu'il arrivait, parfois, qu'elle les appelât. Ils gravissaient alors l'escalier étroit en colimaçon, et sur un signe d'Édith assise sur son lit, le buste calé contre deux gros oreillers, ils s'asseyaient chacun d'un côté. Avec une mauvaise foi – contre laquelle ils ne se rebiffaient plus –, elle leur reprochait d'être sinistres.

« Ah ! bougonnait-elle, le Midi ne vous rend pas intelligents ! Et que faisiez-vous, en bas ?

— Nous lisions, répondait Simone ou Théo.

— Vous pourriez écouter de la musique. Écoutez mes disques. On ne peut pas dire que ma carrière vous passionne ; mes enregistrements peuvent dormir tranquilles. »

Dans ces moments de mauvaise humeur, elle avait le génie de les transformer en coupables.

« Heureusement, ajoutait-elle quand elle les voyait baisser la tête, heureusement qu'il y a des gens qui pensent à moi encore. Dumont m'a téléphoné aujourd'hui. Il m'a annoncé qu'il avait composé une chanson, dont Jacques Brel a écrit les paroles, et qui s'intitule : *Je m'en remets à toi*. Ils voudraient que je l'enregistre quand j'irai mieux. Cela prouve qu'il existe encore des personnes qui croient en moi. »

Elle avait encore des sursauts d'orgueil. Ainsi, parce que le Pr Carat l'avait émue, à Ambroise-Paré, en lui révélant les difficultés des chercheurs dans le monde de la médecine, leurs difficultés à obtenir des subventions et des appareils, Édith avait décidé de donner, avant la fin de l'année, un gala à Chaillot. La recette serait remise au professeur. Aidée par Margantin qui notait, elle avait même mis au point un répertoire qui devait comprendre vingt-deux chansons. Margantin inscrivait, approuvait, l'encourageait dans son mirage.

Les implants, à la clinique cannoise, avaient été abandonnés. Le chirurgien les considérait désormais comme totalement inefficaces, et de plus Édith n'aurait pu supporter le court trajet en voiture.

La nuit, elle subissait de telles crises de transpiration que Margantin devait changer ses draps et sa chemise, deux fois au moins.

« Comme j'ai honte de te donner tant de travail, Simone. Laisse-moi t'aider un peu. Tu sais, je peux quand même me tenir debout, je ne suis pas tout à fait infirme.

— Reste assise sur ta chaise et ne te fatigue pas », lui ordonnait Simone.

L'appétit lui manquait. Édith touchait à peine aux poissons ou aux légumes que Danielle lui préparait ; elle s'excusait du regard auprès de Simone, qui essayait de la forcer à s'alimenter davantage. Elle n'absorbait plus, avec goût, que les jus de fruits frais que l'infirmière lui préparait. Elle ne tenait plus qu'à force d'injections de vitamines.

La nuit, de douloureuses crises intestinales sapaient ses dernières forces, l'anéantissaient. Mais Édith ne gémissait jamais.

Margantin était toujours près d'elle, pendant ces heures de martyre. Elle massait ses vertèbres, débutant par les cervicales, puis les côtes, ensuite elle lui faisait des effleurages sur le front et la nuque. Il fallait aussi qu'elle étanchât cette sueur à l'odeur aigre qui inondait son corps. Édith se laissait faire, les paupières closes, respirant par saccades, les lèvres serrées. Ce n'est que lorsque la douleur diminuait qu'elle parvenait à parler de nouveau :

« Merci, Simone, tu es gentille.

— Mais de quoi me remercies-tu ? la rabrouait Margantin, je t'aime, voilà tout, et je veux te guérir.

— Oh ! guérir, ce coup-ci...

— Tu as eu des moments plus critiques, disait bourrue l'infirmière, et tu t'en es très bien sortie. Ressaisis-toi, ce n'est pas digne de toi de te laisser couler. Tu me déçois ! »

Édith ne répondait pas. Ses lèvres dessinaient un faible sourire d'espoir, elle prenait la main de Simone, puis la pressait et la gardait dans la sienne, un peu rassurée.

Brusquement, dès les premiers jours d'octobre, la température baissa considérablement et le vent se mit à souffler en bourrasques. Les feuilles mortes recouvraient le gravier. Parfois, des orages éclataient, soudains, violents, brefs.

Édith ne sortait plus. Elle se réfugiait la plupart du temps près de la fenêtre. Quand elle se sentait mieux, elle demandait à Margantin de prendre du papier et des crayons, puis de venir s'asseoir près d'elle : « Tu sais, on va mettre au point le récital que je donnerai à Chaillot pour Carat. » Elle dictait alors les titres des chansons, elle bâtissait son tour de chant.

« Pour me faire répéter, je demanderais bien à Comaret de venir ici, mais Théo peut en avoir besoin, réfléchissait-elle à haute voix. Le mieux serait que j'appelle Chauvigny. Il a été malade, l'air de Plascassier lui ferait du bien. Tout en me faisant travailler, il achèverait sa convalescence. Qu'en penses-tu ?

— Ce serait une excellente solution, Édith, mais maintenant il faut que tu cesses de travailler et même de parler. Tout à l'heure, tu vas être fatiguée.

— Non, non, je me sens très bien, mes forces reviennent, je le sens... Je vais téléphoner à Rive-gauche dès demain. Ces derniers temps, il n'a rien fait de sensationnel. Il est temps que je lui secoue les puces. Et puis, aussi, il faut que je pense à Michel Emer pour qu'il me prépare quelque chose...

— D'accord, Édith, mais maintenant repose-toi.

— Tu m'agaces. Je te dis que je vais mieux ! Figure-toi que dans ma chambre j'ai trouvé une idée de chanson. Ce sera l'histoire d'une âme à la dérive que la passion n'arrache pas à la solitude. C'est Charles Dumont et Francis Laï qui en composeront la musique.

— Je t'en supplie, Édith, tais-toi, tu t'énerves et tu t'épuises.

— Tu as raison, Simone. Je me sens vannée. J'ai sommeil. »

Elle fermait les yeux. Margantin étalait la couverture et restait assise sur sa chaise, les pages griffonnées entre les mains, à la regarder dormir. Combien de temps encore lui restait-il à souffrir, se demandait-elle, combien de temps encore pourrait-elle s'illusionner ?

Simone regardait les pommettes saillantes, les joues décharnées, les paupières bleutées par la fatigue, les lèvres pâles : n'aurait été la faible respiration, ce visage exsangue était déjà celui d'une morte.

Je ne devais plus revoir Édith que deux fois. Lors de mon avant-dernier voyage à Plascassier, elle me reçut dans sa chambre au premier étage. Les murs étaient blancs, les meubles sombres. Dans ce décor rigoureux, elle était assise sur son lit et lisait en compagnie de Margantin, lovée à ses pieds.

Édith me fit signe de prendre place sur la chaise qui se trouvait près d'elle. Je l'embrassai les trois fois rituelles, elle m'embrassa. Ses lèvres, je m'en souviens, étaient sèches et chaudes. Prenant un air sérieux, elle me demanda :

« Connaissez-vous les Rose-Croix ?

— Euh…, non.

— C'est une confrérie qui, dit-on, est issue des Templiers et qui a été fondée en Allemagne au XIIe siècle, je crois. Ce n'est pas une religion, c'est une philosophie. On peut être bon chrétien et être rose-croix.

— Ah ! et cette philosophie dit quoi ?

— Elle croit à la réincarnation. Et j'y crois aussi. Souvent, depuis très longtemps, je me demande ce qu'on devient après. Ce n'est pas possible qu'une fois mort, on ne soit vraiment plus que poussière, qu'il ne reste absolument plus rien d'une vie.

— Pourtant, dans les cercueils, on ne retrouve plus grand-chose après…, que de la poussière…

— Oui, mais il y a quelque chose qui nous échappe, que nous ne connaissons pas. Je crois en Dieu, vous le savez, et je trouve qu'il serait trop injuste que ceux qui ont souffert sur terre ne trouvent la paix que réduits en poussière.

— On assure que pour ceux-là, il y a le Paradis. Vous ne croyez pas au Paradis ?

— Bien sûr que j'y crois ! Mais il viendra dans très longtemps, après le Jugement dernier. En attendant, il faut bien que les morts fassent quelque chose, non ?

— Moi, dit Simone, je resterais bien sans rien faire…

— Oh ! toi ! à part tes bouquins, rien ne t'inté-
resse », répliqua Édith avec un sourire. Et puis le sourire disparut et elle murmura, songeuse :
« Une fois morte, j'aimerais bien revenir sur terre. »

Le 5 octobre, avec Vassal, nous avions terminé un
reportage sur Gilbert Bécaud, avec qui nous avions
déjeuné au Cap-d'Antibes. Il était 16 heures et notre
avion du retour, pour Paris, décollait aux environs de
21 heures. Nous avions décidé d'aller saluer Édith.
Cela nous faisait un bon bout de route à parcourir,
mais nous avions envie de la voir. Après que j'eus téléphoné pour annoncer notre visite, nous nous mîmes
en route. Après Mougins, il commença à pleuvoir.

Nous étions de très bonne humeur, Hugues et moi.
Bécaud avait été charmant, le repas savoureux. Nous
nous apprêtions à débiter quelques potins à Édith, qui
en était friande, mais dès que nous entrâmes au salon,
notre gaieté tomba d'un coup.

Effondrée sur son fauteuil, enroulée dans une couverture, Édith était méconnaissable. Son visage était
marbré et hâve, mais surtout elle était dans un état
de prostration et de faiblesse extrêmes. Le simple
geste de bouger une main lui coûtait un effort.
Impressionnés, nous nous étions approchés d'elle sur
la pointe des pieds pour l'embrasser, et pour la première fois elle ne répondit pas à nos baisers. Nous
avions tiré des chaises ; nous nous étions assis,
Vassal et moi, à sa gauche, Margantin à sa droite,
entre la fenêtre et le fauteuil.

« Ne trouvez-vous pas qu'Édith est lamentable de se
laisser aller comme elle le fait ? Savez-vous ce qu'elle
s'est mis en tête ? Qu'elle va mourir. Et que cela n'a

pas d'importance, car tout le monde l'a oubliée et qu'elle ne pourra plus remonter sur une scène.

— Mais c'est vrai, Simone, soupirait Édith, c'est vrai...

— Simone a raison, dis-je sur un ton convaincu. Bien sûr, cette fois-ci, j'en conviens, vous avez davantage de difficultés à reprendre le dessus, mais vous guérirez de nouveau. Tous les médecins – je les ai vus, ils me l'ont dit – sont unanimes à votre sujet : vous pourrez rechanter et vivre comme avant. Bien sûr, il vous faudra vous ménager et éviter... les omelettes. Mais j'en suis persuadé, Édith, vous redeviendrez la Patronne.

— Il a raison », intervint Hugues.

Vassal s'était levé, avait fait le tour du fauteuil et s'était agenouillé près d'Édith. Il lui caressait les cheveux, il l'embrassait doucement, affectueusement, sur le front, sur la joue. Vassal était merveilleux.

« Il faut que tu aies simplement la volonté de gagner comme tu l'avais avant », lui disait-il.

J'avais pris la main d'Édith dans la mienne, et je l'embrassais, et je la caressais. Son regard allait de l'un à l'autre, un regard pathétique de détresse, un regard qui ne demandait qu'à croire, un regard qui ne quémandait qu'amitié et tendresse.

« Vous ne me mentez pas ? murmura-t-elle, vous me le jurez ? Vous ne me dites pas ça pour me consoler ?

— Je le jure, Édith ! dit Vassal ému, en se penchant pour l'embrasser encore sur le front.

— Je vous le jure, Édith, dis-je en lui serrant la main. Avant de repartir, promettez-nous que vous allez réagir, que vous allez commander encore, que vous redeviendrez Piaf. »

Son regard se posa sur nous. Dans un souffle, elle dit :

« Je vous le promets. »

Je ne devais plus la revoir.

Une seule personne vécut près d'Édith ses derniers jours : Simone Margantin. Pas un instant elle ne put se reposer, ne put relâcher sa surveillance, ne put ménager sa peine. Simone seule pouvait décrire ce que furent ces journées de grande tristesse. Elle raconte.

Récit de Simone Margantin

Brusquement, Édith recommença à souffrir des poignets, des pieds et des jambes. De violentes contractures la torturaient pendant des heures, sans répit. J'essayais de la soulager en la massant avec un baume, mais ce n'était là qu'un apaisement minime et, en tout cas, momentané. Il existait bien un médicament capable d'interrompre les crises. On ne le trouvait qu'en Suisse. Sur les instances d'Édith, je partis donc pour Genève. Ce fut un voyage très bref. Partie le matin, j'étais de retour le soir même. Le mari de Danielle m'attendait à l'aéroport de Nice, avec sa voiture personnelle.

Je revins donc à Plascassier, contente de pouvoir soigner Édith avec efficacité. Elle n'était pas au salon. Je la trouvai dans sa chambre, étendue sur son lit. Elle pleurait.

Aussitôt, je posai le paquet contenant le médicament sur une commode et me précipitai vers elle.

Assise sur son lit, j'essayais de l'attirer vers moi, mais elle résistait. Sous mes doigts, je sentais sa maigreur, sa fragilité. J'aurais pu la forcer à me faire face, mais je me refusais de la contraindre.

Inquiète, je ne cessais de lui demander : « Que se passe-t-il, Édith ? Réponds-moi ! » Je n'obtenais aucune réponse. « As-tu mal ? » La tête enfouie entre son bras, elle sanglotait toujours. Je lui effleurai des doigts la nuque, puis la base du cou ; progressivement elle se calma. Je pus l'attirer contre moi. Elle se tenait la tête contre mon épaule, dans une attitude enfantine, pendant que j'essuyais ses larmes avec mon mouchoir.

« Sois raisonnable, Édith, dis-moi : qu'est-ce qui a provoqué ce chagrin ? »

Elle renifla. Le regard baissé, elle me confia :

« Pendant ton absence, j'ai demandé à Danielle de passer mes disques. Je les ai tous entendus. C'est affreux, Simone, mais je sais, maintenant, que je ne pourrai plus jamais chanter. »

Une fois de plus, j'avais tenté de la consoler, mais peut-être parce que je savais qu'elle disait vrai, mes paroles manquèrent de conviction.

Nous passâmes une soirée particulièrement sinistre. Silencieuse, Danielle entra, sortit, mit la table, nous servit, lançant des coups d'œil furtifs à Édith. Elle commençait à réaliser que la Patronne qui l'avait tant rabrouée durant des années parvenait au terme de son existence. Après le dîner, au cours duquel Édith grignota à peine un filet de poisson bouilli, Danielle desservit, nous souhaita la bonne nuit, puis s'enferma à l'office. Vraisemblablement, elle et son mari devaient s'inquiéter de leur avenir.

Après que j'eus fait boire un jus de fruits à Édith, je m'installai près d'elle. « Veux-tu que je te lise ton livre d'Histoire de France ? » Elle me fit non de la tête. « Tu préfères la radio ou écouter des disques ? » Nouveau refus. Je me tus. Édith baissa les paupières, et je crus qu'elle préférait somnoler sur son long fauteuil en attendant l'heure de son coucher. Pendant plusieurs minutes, je n'entendis que le souffle court de sa respiration. Puis, les yeux toujours fermés, elle me dit :

« Tu sais, Simone, j'ai bien réfléchi. Je vais me séparer de Théo.

— Es-tu folle ? Mais pourquoi ?

— Parce que ! C'est absurde que nous continuions à mener une vie de gens mariés, alors que je ne suis plus bonne à rien. Maintenant, il est lancé. C'est à lui seul de faire sa route, de se débarrasser de sa nonchalance. C'est un métier, le nôtre, où chacun doit faire sa place en solitaire. Moi, j'ai appris toute seule à ne rien attendre de personne. Il est temps que Théo fasse son apprentissage.

— Cela ne vous empêche pas de demeurer mari et femme, il me semble.

— Non, ça n'empêche pas. J'ai pensé à divorcer, mais ce ne serait pas bien. Nous n'allons plus vivre ensemble, tout simplement. Tu sais, j'ai trouvé la solution. Lui, il ira s'installer à Paris, boulevard Lannes, avec le personnel qui s'y trouve. Nous – toi et moi, en tout cas –, on va rester ici. Je demanderai à Loulou de me trouver une petite maison tranquille, dans les hauteurs, où il fait moins chaud. Si je vis encore un peu, si ma santé le permet, de temps à autre je donnerai un gala. Si ma voix faiblit, par contre, j'arrêterai tout. Cerdan m'a appris qu'il n'y a pas qu'en boxe qu'il faut savoir raccrocher à temps. À moins que, comme lui, la mort ne règle tout… »

190

Théo était arrivé avec Loulou le samedi matin, pour passer le week-end. Pendant leur séjour, Édith s'était forcée à la gaieté et elle avait même accepté de faire quelques pas dans le parc au bras de son mari. Comme l'air était assez frais, je l'avais encapuchonnée dans son vison.

Théo ne réalisait pas l'imminence de la fin. Il venait de Paris, où il tournait dans l'excitation son premier film ; l'ambiance de Plascassier lui échappait totalement. Et puis, pour ne pas l'inquiéter, Édith se forçait à paraître en forme et faisait des projets auxquels elle ne croyait pas, mais qui abusaient Théo. Je me souviens que ce soir-là, pour lui faire honneur, après qu'elle eut quitté sa robe de chambre pour endosser un pantalon et un gros tricot, il me dit : « Elle me paraît en bonne forme ! » Je ne le dissuadai pas.

À croire qu'elle voulut confirmer cette impression, au cours du dîner, Édith proposa :

« Comme je vais beaucoup mieux, Danielle et Marcel remonteront à Paris, avec Christian. Simone est largement suffisante pour s'occuper de moi. Nous engagerons une bonne. »

Avant de nous coucher, Théo, qui réalisait à ma mine dans quel état de fatigue je me trouvais, me dit gentiment :

« Cette nuit, dormez tranquille, fermez votre porte. S'il y a un pépin, je viendrai vous appeler. Bonne nuit, et reposez bien. Vous en avez sûrement besoin. »

Il m'embrassa, puis il alla retrouver Édith.

Le lendemain, à mon réveil vers 8 heures, je trouvai un billet que Théo avait posé, pour moi, sur mon lit :

191

« Il est 6 heures, et vous dormez comme une bûche. Tout s'est bien passé. Je téléphonerai ce soir ou demain matin. Je vous embrasse. À vendredi soir. Bonne semaine. »

Encore engourdie de sommeil, je me mis debout. Pour la première fois, je me sentais enfin reposée. Édith était dans la cuisine, de bonne humeur, en train de farfouiller dans les placards à la recherche de café.

« Quel fourbi ! ronchonnait-elle. Je me demande où Danielle a bien pu le fourrer...

— Laisse, je vais le préparer. Va t'installer au salon et je te le servirai. »

Finalement, nous prîmes notre petit déjeuner dans le parc. Il faisait frais, malgré le ciel bleu, mais Édith semblait y tenir. La matinée se déroula sans incident. Elle était néanmoins un peu inquiète de savoir Théo sur la route avec Christian et Loulou. Nous écoutâmes de la musique classique, car, depuis qu'elle avait entendu ses disques à elle, Édith ne voulait plus entendre de musique de variétés. Nous bavardâmes comme des pies. Elle me raconta le déjeuner manqué avec Joséphine Baker à New York.

« Je lui avais donné rendez-vous dans un restaurant. Je l'attendais, quand on vint me prévenir que Joséphine ne pourrait me rejoindre à table. On lui avait interdit l'accès parce que l'établissement n'acceptait pas les nègres. Alors, je me suis levée et je suis partie... »

Je lui lus des passages des Grands Initiés, et nous parlâmes des initiations, de Moïse, Bouddha, Pythagore et Jésus. Elle me dit soudain, le front plissé par la réflexion :

« Tu ne trouves pas bizarre que Jésus, vivant dans une famille pauvre, l'ait quittée à l'âge où il aurait pu travailler et l'aider ? »

192

Que répondre ? Je cherchais vainement un argument plausible et logique, quand le magnétiseur arriva vers 11 heures. J'en avais entendu parler par le médecin niçois que consultait Édith. Il avait, disait-on, le pouvoir de faire dormir ses patients. Or, Édith avait un grand besoin de sommeil. Puisque la médecine officielle n'y parvenait pas, j'avais, en désespoir de cause, fait appel à lui. Au début, je ne nourrissais guère d'illusions. Mais je dus admettre rapidement qu'il avait su capter la confiance d'Édith et que les résultats qu'il obtenait étaient positifs : elle dormait et se réveillait bien plus reposée.

Pour moi aussi c'était un soulagement, car Édith exigeait que je dormisse dans sa chambre, dans le lit de Théo, voisin du sien. Elle voulait aussi, pendant son sommeil, que je lui tinsse la main, sinon – c'est du moins ce qu'elle prétendait – elle était angoissée… Les crampes qui me tenaillaient le bras me réveillaient fréquemment.

Oui, indiscutablement, le magnétiseur faisait des prodiges. Malgré ma certitude que hors de la médecine officielle il n'existait pas de guérisons réelles, j'étais reconnaissante à cet homme qui sut redonner l'espoir à Édith.

En fin de matinée, elle reçut un appel téléphonique de Cocteau. « Tiens, prends l'écouteur », me dit-elle. Il lui annonçait qu'il viendrait dans le Midi, la semaine suivante. « Nos médecins n'y comprennent plus rien, riait-il : ils nous voient morts et nous ressuscitons toujours. Je viendrai te voir mercredi et… » La communication fut coupée. Je proposai à Édith de le rappeler, mais elle refusa. « C'est inutile, il sera là dans quelques jours. »

L'après-midi, après sa sieste, elle me parla avec beaucoup d'affection de son père avec qui elle avait connu les premières tournées dans des places de villages, et qui lui avait enseigné à quêter avant et après le numéro. Puis elle me suggéra de retourner à Nice, dans le courant de la semaine, pour déposer un cierge à sainte Rita, la patronne des causes désespérées.

« Mais, sursautai-je, j'y suis déjà allée la semaine dernière !

— Retournes-y, Simone. Crois-moi, deux cierges valent mieux qu'un ! »

La nuit du lundi 9 au mardi 10 octobre fut agitée. Édith m'avait réveillée, car elle se plaignait de trop souffrir des pieds. Ils avaient, effectivement, affreusement enflé. Je lui donnai le médicament suisse, et en attendant qu'il agît, je la massai avec du baume. Je lui proposai, ensuite, un bain avec de l'eau tiède et des sels de pin, mais elle refusa énergiquement.

« Si tu crois que je vais me plier à toutes tes lubies, tu te mets le doigt dans l'œil », bougonna-t-elle.

Depuis longtemps j'avais appris que, lorsqu'elle était de mauvaise humeur, Édith se révélait de mauvaise foi, et le mieux à faire dans ces moments-là était de se taire, de ne pas lui donner prise. Elle parlait, parlait, parlait... Je me taisais.

« Ah ! c'est gai de vivre ici ! On ne me répond même pas quand je parle. Je me demande où tu as été élevée ? »

Furieuse, j'étais descendue au salon, décidée à attendre qu'elle se calmât, en lisant. Au bout d'un moment, j'entendis ses mules claquer, puis son pas dans l'escalier. Elle entra dans le salon, en robe de chambre :

« Je voudrais du thé !

— Certainement pas. Que je sache, le thé n'a jamais fait dormir qui que ce soit.

— Je veux du thé, insista-t-elle en appuyant sur chaque mot.

— Non, Édith, n'insiste pas. Tu sais bien que ça te ferait du mal.

— C'est bon, je resterai ici. »

Elle s'enfonça dans un fauteuil, droite, les bras croisés ; elle me lançait des regards noirs, et marmonnait : « Quelle idiote ! Quelle idiote ! »

Combien dura notre affrontement, je ne pourrais le dire. À un certain moment, elle se leva, puis faisant claquer ses mules exprès, avec force, elle remonta dans sa chambre où je l'entendis se servir un verre d'eau et enfin se recoucher. À mon tour, je retrouvai mon lit.

Il était 10 heures du matin quand Édith me fit appeler par Danielle. Sans me presser, voulant lui donner une leçon, je descendis lui préparer un café, du fromage, une pomme. Je pris également les deux ampoules buvables, un médicament pour son foie, et je remontai la voir. À peine étais-je entrée dans sa chambre qu'elle me dit d'une voix désolée :

« Mon pauvre chou, je t'ai empêchée de dormir ! Tiens, embrassons-nous, vraiment nous sommes trop bêtes de nous chamailler. »

La paix revenue, nous prîmes notre café ensemble et, en attendant la visite du magnétiseur, Édith me parla encore de son gala à Chaillot :

« Si tu savais ce que j'aimerais pouvoir chanter encore à Paris.

— Tu rechanteras, voyons !

— Hum ! qui sait ? »

Après la séance avec le magnétiseur, qui se prolongea très tard, ce qui l'empêcha de donner sa leçon d'anglais à notre bonne-étudiante, nous déjeunâmes dans le parc. Très souriante, elle mangea de bon appétit son poisson poché, son riz, sa compote de pommes.

Pendant sa sieste, vers 15 heures, le téléphone sonna. Danielle, qui avait décroché, vint nous annoncer : « Simone Berteaut voudrait vous parler. »

Les rares fois où Édith m'avait parlé de Berteaut, elle avait employé des termes désapprobateurs. Elle l'avait appelée son « mauvais génie ». Édith lui reprochait un comportement blâmable lors de la mort de Cerdan, et une attitude suspecte, pendant la guerre, alors qu'Édith cachait des aviateurs britanniques. Sur le coup, elle refusa de lui parler. Mais Mme Berteaut insistait. Alors, elle prit le récepteur. Et la conversation ne lambina pas. D'un ton sec, à Simone Berteaut qui demandait à la voir, Édith répondit : « Plus tard ! Je suis trop fatiguée maintenant. » Et elle raccrocha.

Dès ce moment, la bonne humeur se dilua. Elle remonta dans sa chambre, vers 17 heures, prétextant qu'elle était exténuée. Je m'entretenais avec Danielle des courses à faire, le lendemain, quand la voix d'Édith, cinglante, nous parvint :

« Silence ! On ne peut même pas dormir tranquille dans cette baraque. »

Mentalement, je me dis que la nuit qui approchait risquait d'être aussi mouvementée que la précédente. Dehors, la pluie se mit à tomber avec violence.

Je dînai seule. Puis, un livre à la main, j'étais montée dans sa chambre pour lui tenir compagnie. Édith s'était calmée. La pluie, maintenant, était diluvienne. Le sujet était revenu sur les Rose-Croix et la réincarnation, quand, vers 20 heures, une voiture stoppa. Édith tendit l'oreille, mais il lui fut impossible de découvrir avec qui Danielle conversait en bas. Peu après, la secrétaire frappa à la porte et, passant la tête dans l'entrebâillement, annonça :

« Mme Beretaut est là qui demande à vous voir. »

Sans hésitation, la réponse d'Édith fusa :

« Dis-lui que je ne veux voir personne parce que trop fatiguée. »

J'intervins. Je lui expliquai que cette personne avait effectué un voyage, qu'elle pouvait la recevoir quelques minutes. Ce ne fut pas aisé de la convaincre, car Édith avait cet air buté que je lui connaissais bien. Enfin, d'un ton peu amène, elle dit :

« Qu'elle monte. »

Nous entendîmes les pas de deux personnes dans l'escalier. La mauvaise humeur d'Édith croissait et j'en eus la preuve lorsque, voulant arranger ses oreillers, elle me repoussa.

La femme qui entra, accompagnée d'une très jeune fille, il me serait malaisé de la dépeindre. Je dirai seulement qu'elle était petite et maigre, avec un visage étroit et ridé. Elle dit : « Je vous présente ma fille. »

Je voulus me retirer, mais Édith me retint : « Reste, je peux avoir besoin de toi. » La conversation entre ces deux femmes qui avaient été amies se limita à quelques mots. Édith demanda à la jeune fille ce qu'elle faisait, mais ce fut Mme Berteaut qui répondit à sa place : « Elle est en troisième, au lycée Camille-Sée. » Édith regarda l'adolescente avec un air grave, puis elle lui dit : « Travaillez. Il n'y a que les études qui comptent. » Puis, se tournant vers moi, elle enchaîna : « Tu as des soins à me donner. Dépêche-toi. » C'était un congé. Mme Berteaut comprit. Elle se leva, embrassa Édith, et, suivie de sa fille, sortit. Elles étaient toutes les deux dans l'escalier. Je m'approchai d'Édith et je chuchotai à son oreille :

« Il fait un temps épouvantable. Tu pourrais peut-être les garder à dîner et éventuellement les coucher pour la nuit ?

— J'ai dit non. »

Dès que le bruit de la voiture qui ramenait Mme Berteaut et sa fille fut absorbé par le vent, Édith laissa éclater sa mauvaise humeur et, naturellement, s'en prit à Danielle qui n'avait pas su refouler les visiteuses.

Le mercredi matin, à son réveil, Édith, malgré différentes tentatives, ne put se lever. Ses jambes ne la soutenaient pas, elle avait des vertiges. Je dus l'aider et l'accompagner dans la salle de bains, mais aussitôt après elle se recoucha.

« J'ai froid, Simone. » Je m'apprêtai à lui passer la robe de chambre de laine que je lui avais achetée à Nice, mais elle la refusa. Elle accepta une liseuse, puis je branchai un coussin électrique. Avec un sourire, Édith me dit : « Merci, tu es vraiment trop bonne avec moi. » Nous nous embrassâmes. Le temps de

198

descendre à la cuisine pour lui préparer un jus de pamplemousse, à mon retour elle s'était assoupie. Je m'installai au salon. Quand le magnétiseur arriva, à 11 heures, je ne voulus pas la réveiller ; il accepta de revenir dans la soirée.

Édith rouvrit les yeux vers midi. Elle voulait déjeuner dans le parc, mais je l'en dissuadai en lui expliquant qu'à la suite des orages, la terre était encore gorgée de pluie. Nous déjeunâmes donc dans la salle à manger.

À 16 heures, sans que rien l'eût laissé prévoir, Édith regagna sa chambre pour se mettre au lit. Elle me dit : « Je suis anéantie. » Alors que d'habitude elle se dévêtait toute seule, il me fallut lui enlever sa robe de chambre et ses mules : « Mes pieds me font souffrir, Simone. » Je l'aidai à s'étendre sur son lit et j'entrepris de les masser. Mais malgré les précautions que je prenais, au lieu de lui procurer un bien-être, Édith se mit à geindre : « Tu me fais mal, Simone. » J'arrêtai. J'essayai des compresses chaudes, mais le contact avec la gaze lui était aussi insupportable. « Je vais dormir, dit-elle, reste près de moi. » Je m'étendis près d'elle et lui pris la main. Presque aussitôt, Édith s'endormit. Lorsque j'eus la certitude que son sommeil était profond, je me dégageai lentement et rejoignis Danielle dans la cuisine.

Elle me jeta un coup d'œil interrogateur auquel je répondis par un haussement d'épaules. La résistance d'Édith s'étiolait. Chaque jour, la fatigue gagnait du terrain. Je savais ce que cela signifiait. La fin approchait.

Silencieuse, évitant le moindre bruit, j'avais regardé Danielle dîner. Moi, j'étais sans appétit. Par moments, le vent soufflait en rafales, agitant les arbres. Tout était désolant. Soudain, il était 19 h 30, la voix d'Édith nous parvint. C'était une voix apeurée, qui criait :

« Simone… Simone… » Suivie de Danielle, je bondis dans l'escalier, escaladai les marches, redoutant une catastrophe. Quand je fis irruption dans la chambre, Édith avait les yeux écarquillés par la peur. Je compris qu'elle avait fait un cauchemar.

« Oh ! je te demande pardon, Simone chérie, mais si tu savais ce que j'ai eu peur ! » me dit-elle en s'efforçant de sourire.

Elle refusa le dîner que Danielle se proposait de lui servir au lit, n'acceptant qu'un cocktail de jus de fruits.

Ce soir-là, nous restâmes ensemble jusqu'à minuit. Édith parla souvent, comme si elle voulait s'étourdir avec les mots. Elle me confia qu'elle considérait son mariage comme une erreur : « Théo est si gentil, mais c'est un gosse. » Elle parla ensuite de la villa qu'elle souhaitait louer pour nous deux, puis, encore, d'une idée de chanson qu'elle voulait écrire. « Tu es trop fatiguée, maintenant, pour travailler, lui dis-je. Et puis, il est tard. » Elle se rembrunit un peu, mais après avoir réfléchi, elle me dit :

« Tu as raison. Aide-moi à me lever, je n'ai pas dit ma prière.

— Tu pourrais la réciter au lit.

— Non, à genoux, j'ai dit. »

Je me pliai à sa volonté. Je savais que c'était là un usage qu'elle ne transgressait jamais, depuis longtemps. Je l'aidai donc à se lever, je posai sa robe de chambre sur ses épaules et la retins sous les aisselles, tandis que, lentement, elle s'agenouillait. « Cher petit Jésus… » murmura-t-elle. Ainsi commençait invariablement sa prière.

Il était minuit et demi quand je quittai sa chambre sur la pointe des pieds. Édith dormait.

Avant de me coucher, j'étais descendue à la cuisine pour grappiller, tout en lui préparant un jus de fruits pour la nuit, que je plaçai ensuite sur sa table de chevet. Je la regardai reposer une dernière fois, puis je me dirigeai vers ma chambre, après avoir vérifié que les deux portes de la salle de bains, qui nous était commune, fussent ouvertes.

Sans raison, je me réveillai à 2 h 10. Peut-être était-ce une habitude que j'avais prise malgré moi, à force de me lever la nuit quand je devais prendre son pouls et sa tension, fréquemment. Je me retournai dans mon lit, agacée de ne pouvoir me rendormir, malgré ma fatigue.

Finalement, je décidai d'aller dans la chambre d'Édith pour contrôler si sa lampe de chevet n'était pas allumée. Édith avait oublié de l'éteindre. Elle semblait dormir. C'est le peu d'ampleur de sa respiration qui m'incita à m'approcher d'elle. Quand je vis son visage, je sursautai : son teint était jaune paille.

Tout de suite, je sus qu'il y avait de fortes probabilités pour qu'une hémorragie interne se fût déclarée. Sans une seconde d'hésitation, je préparai un sérum glucosé avec des vitamines K, antihémorragique. J'installai le goutte-à-goutte ; après quoi, je voulus voir ses réactions. Je lui pris la main et lui demandai : « Si tu m'entends, Édith, serre-moi la main. » Fut-ce une illusion ? Je reste, actuellement encore, persuadée qu'imperceptiblement elle le fit. Aussi, je lui dis : « Ne t'inquiète pas, ma chérie, ce n'est qu'un malaise qui va passer. J'appelle le docteur. »

Je me précipitai au téléphone, en bas, et alertai le médecin de Valbonne. Il me conseilla de faire une piqûre de solucamphre et m'annonça qu'il arrivait.

Attendre. Je n'avais plus que cela à faire. De temps à autre, je me penchais vers Édith pour soulever ses paupières : ses réflexes allaient en s'amenuisant. Le médecin arriva un peu avant 5 heures. Il constata l'état d'Édith, et confirma mes craintes : la mort ne tarderait plus.

Il ne me restait plus qu'à essayer d'adoucir sa fin : j'humectai ses lèvres, je nettoyai sa langue et l'intérieur de ses joues, avec de l'eau bicarbonatée.

Danielle, qui s'était levée à 8 heures, avait réalisé la situation. Elle partit pour Cannes avec sa voiture.

Vers 11 heures, Édith commença à transpirer abondamment. Je lui passai sur le visage une serviette imbibée d'eau de rose, je lui lavai les mains, je déposai des compresses humides sur ses poignets.

Édith commença à râler. Seule dans cette maison, avec le vent qui soufflait en tempête, j'avoue que j'eus peur et me surpris à claquer des dents.

De plus en plus fréquemment, je lavai la langue de la moribonde. Ce n'est qu'à 13 heures que Danielle revint. Aussitôt, je lui demandai d'appeler un prêtre, mais elle n'obtint pas immédiatement la communication.

Je m'étais approchée d'Édith, je lui tenais la main. Danielle était en train de recomposer le numéro du presbytère.

Brusquement, Édith se redressa. Ses yeux bleus s'ouvrirent, étonnamment brillants, et semblèrent fixer l'invisible. Puis elle retomba en arrière.

Je criai à Danielle :

« C'est fini ! »
Il était 13 h 10. Je fermai les yeux d'Édith.

Les obsèques eurent lieu au Père-Lachaise, où se trouvait le caveau de famille qu'Édith avait acheté et dans lequel reposaient déjà les corps de son père, Louis Gassion, et de sa petite fille, Marcelle. Vivante, elle nous avait dit à Margantin et à moi : « Ma mort fera du bruit. Il y aura du monde à mon enterrement. » Elle ne s'était pas trompée. Une foule évaluée à deux millions de personnes formait une double haie, mouvante et impatiente, qui s'étirait du boulevard Lannes au cimetière.

La veille, un long serpent de gens recueillis et encore silencieux s'était formé devant l'appartement. Il fallait cinq heures de piétinements aux fidèles pour franchir la porte cochère, traverser la grande entrée et parvenir à la bibliothèque où avait été installé le cercueil : pendant quelques secondes, à travers une lucarne vitrée, ils pouvaient contempler une dernière fois le visage d'Édith Piaf, embaumée.

Les scènes qui se déroulèrent au Père-Lachaise étaient aisément prévisibles. En effet, le comportement de la foule dans l'appartement avait déjà été troublant. Certes, il y avait une chanteuse morte ; mais il y avait aussi des artistes vivants. Aussi, quand Aznavour, Bécaud, Lucienne Boyer et sa fille Jacqueline, Brialy, Marcel Cerdan junior, mais surtout, oh ! chance, Marlène Dietrich, puis Dumont et Suzanne Flon, Marten, Meurisse, Montand, Jean-Claude Pascal, Jacques Pills, son premier mari, et bien d'autres encore, apparurent, la foule les indiquait du doigt, leur réclamait des autographes.

Le défilé du public avait été consenti par Théo, parce que, dès l'annonce de la mort de Piaf, ses admirateurs avaient afflué boulevard Lannes. Rapidement, ils avaient formé une masse humaine imposante qui s'était agglutinée contre les grilles de l'étroit jardin qui bordait l'appartement. C'étaient des gens en larmes, bouleversés d'avoir perdu celle qui, longtemps, avait si bien su chanter les malheurs et les amours des hommes et des femmes : eux, en somme. Et puis, le temps passant, ils avaient commencé à mugir, à secouer les grilles, à scander : « Nous voulons la voir. » Avant qu'ils n'enfonçassent les grilles, Théo avait capitulé : « Soit, qu'ils la voient. » Pendant deux jours, le défilé mortuaire se poursuivit sans interruption. Même la nuit, des groupes d'inconnus stationnaient sur le large trottoir, chuchotant, jetant des regards vers les fenêtres, d'où filtraient des lamelles de lumière.

Enfin, le 14 octobre, se déroulèrent les obsèques. J'avais quitté l'appartement avant qu'on ne plaçât le cercueil de Piaf dans le fourgon. J'avais embrassé Théo, livide, et Margantin qui, les nerfs brisés, ne pouvait plus contenir ses larmes et eut un malaise.

Un employé des pompes funèbres, qui précédait le fourgon, nous avait embarqués dans sa voiture, Vassal et moi. Paris avait pris son air des grands jours. Le ciel était bleu, l'air était doux. Une voiture de police et des motards nous ouvraient la route. Nous contemplions, ébahis, cette foule dense qui augmentait à mesure que nous approchions du cimetière. Notre chauffeur siffla, admiratif, puis lâcha : « Elle a un enterrement de reine ! » C'était un lieu commun, mais il disait vrai. Au fond, il ne manquait que les drapeaux en berne aux fenêtres...

Devant le grand portail du Père-Lachaise, des barrières en bois, blanches, contenaient la masse de gens qui grouillaient comme une lave. Seuls, le service d'ordre important et les vendeurs de journaux à la criée, qui hurlaient : « Demandez la mort de Piaf ! » avaient le droit de circuler sur le boulevard de Ménilmontant.

Toujours en voiture, nous pénétrâmes dans le cimetière. Notre progression était très lente, car, là encore, une foule extrêmement serrée se pressait de gagner la division où se trouvait le caveau des Gassion. Au bout de quelques minutes, nous avancions tellement lentement, que Vassal, énervé, décida de poursuivre à pied. Nous arrivâmes enfin à une centaine de mètres de la fosse où allait être ensevelie Édith.

Après bien des difficultés, bien des insultes, bien des coups de coude, nous pûmes traverser la foule qui, à cet endroit, campait, rageuse, en rangs serrés. Le dernier barrage, la dernière barrière, le dernier représentant de l'ordre furent franchis. Et nous nous retrouvâmes, Hugues et moi, assez impressionnés, au centre d'une immense arène. Nous pûmes voir alors ce qui jusque-là, préoccupés que nous étions par notre approche, nous avait échappé : des grappes de personnes avaient escaladé des tombes ; certains n'avaient pas hésité à se hisser pour s'asseoir sur les hautes croix de pierre ; d'autres, l'oreille collée à leur transistor, suivaient la marche du convoi funèbre, comme une épreuve cycliste ; certains, prévoyants, avalaient des sandwiches, ou brandissaient des canettes de bière ou d'eau gazeuse, bref, pique-niquaient.

Chaque arrivée de vedette suscitait des clameurs joyeuses : « Tiens, c'est Azna », « Hé ! voilà Gilbert », « Oh ! y a Marlène ! » Le cimetière avait pris un air de fête, où seuls manquaient les marchands de glaces.

Portée par la foule, la rumeur parvint jusqu'à nous, les privilégiés, une cinquantaine qui étions près de la tombe : « Piaf arrive ! » Et le silence revint. On entendit le bruit du moteur qui approchait et le fourgon mortuaire apparut. Théo avec ses parents, Herbert Gassion (frère d'Édith), Denise Gassion (sa demi-sœur), Margantin en descendirent, puis s'approchèrent de la fosse où un évêque, un prêtre et un frère dominicain priaient. Porté par quatre croquemorts, le cercueil noir se découpa un instant dans le ciel.

Le moment de recueillement fut bref. La grande foule longtemps contenue, qui voulait voir la mise en terre, commença à peser sur les barrières. Ceux des premiers rangs, pressés, asphyxiés, se mirent à protester, à lancer des imprécations, puis, pris de peur, à crier. Les policiers du service d'ordre, en face, résistaient de tout leur poids contre les barrières, pour les empêcher de s'écrouler, mais c'était là une lutte désespérée, vaine. La panique gagna les premiers rangs. Les cris s'amplifièrent, la poussée augmenta, irrésistible.

Une première barrière s'affala, entraînant dans sa chute Dieu seul sut combien de corps. D'autres barrières cédèrent. Le service d'ordre fut balayé, la grande galopade vers la tombe commença.

Le cercueil avait été mis en terre. L'évêque était en train de donner la bénédiction quand la vague humaine déferla sur lui, entraînant tout. L'évêque fut retenu de justesse par Théo avant qu'il ne tombât dans la fosse ; coincé contre une croix, Aznavour faisait le coup de poing avec des admirateurs qui lui réclamaient des autographes ; la femme de Stève Passeur glapissait : « J'ai perdu mon soulier ! » en retenant d'une main sa vaste capeline ; Margantin se trouva mal, mais ne tomba pas, car elle était coincée dans la foule. Barrier se rattrapa de justesse à Dumont. Coquatrix n'eut pas la même chance : il glissa et se retrouva debout sur le cercueil.

Vassal et moi fûmes charriés trop loin, et nous ne vîmes plus rien, sinon cette masse gesticulante. La cérémonie s'achevait dans un tumulte d'apocalypse.

Hugues me regarda. Je regardai Hugues. Nous étions malheureux d'avoir perdu notre amie. J'étais scandalisé par tant de confusion.

« Tu sais, me dit Vassal, au fond, je suis certain qu'Édith aurait adoré assister à son enterrement : elle a encore fait un triomphe ! »

Bien des automes ont passé.

Bien des voix ont succédé à celle d'Édith Piaf. Aucune, pourtant, n'a pu, sinon l'égaler, du moins la remplacer dans l'affection et l'imagerie populaire.

C'étaient des liens puissants qui unissaient le public à l'artiste. Ces liens que seuls savent tisser l'émotion, la sincérité, les espoirs et les désespoirs de l'existence.

C'étaient des relations qui s'établissaient au cours de ces face à face entre la scène et la salle : une connivence tendre entre les spectateurs et la chanteuse.

Des décennies se sont écoulées. Les mœurs, les mentalités ont changé. L'époque Piaf était celle des troubadours, des chansonnettes et des guinguettes. C'était le temps du music-hall. Pour parvenir à se hisser sur une scène d'importance – à Marseille, ville « féroce » qui effectuait une sélection notamment à l'Alcazar, à Paris où se jouait la consécration, à Bobino, à l'ABC, à l'Alhambra, à l'Olympia –, il fallait avoir trimé un peu partout à travers la France, avoir accepté avec humilité de chanter dans des arrière-salles de bistrot, des granges, dans des cinémas avant le début du film – comme Aznavour et d'autres –, ou dans les cours et les rues comme Édith. Il fallait subir les quolibets, les lazzi, les moqueries. Il fallait s'entêter. Il fallait s'imposer. Comme dans les joutes amoureuses, il fallait conquérir le cœur d'un public sans indulgence. Il fallait avoir du talent.

Mais le talent, cependant, était insuffisant. Il fallait du travail en quantité. Piaf la vagabonde, Piaf l'excentrique, Piaf souvent entre la vie et la mort, préparait des mois à l'avance ses rentrées. Elle sélectionnait les chansons – parfois en inspirait le thème comme pour *Milord* et *Mon Dieu* – et répétait tard dans la nuit pendant des semaines. Elle disait : « Contrairement à certains qui pensent que leur tour de chant s'améliorera avec le temps, c'est le soir de la première qu'il faut être parfait : la première, c'est la nuit de noces entre l'artiste et les spectateurs. »

Sans l'affection populaire on ne durait pas. Il fallait posséder un sacré capital d'amour et d'estime pour attirer toutes ces foules, ne fût-ce que les soirs d'hiver. C'est que les « rentrées » de Piaf sur scène étaient rares et ses fidèles les attendaient avec fébrilité : elle seule pouvait remplir la grande salle de l'Olympia trois mois durant.

La mort de Piaf correspond à la fin du music-hall. Johnny Hallyday et son blouson noir d'alors, qui commence à faire du ravage chez les jeunes gens avec le rock'n roll, Sylvie Vartan, Françoise Hardy, France Gall avec le « yéyé », sont les pionniers du show-biz. Pendant quelques années encore, lui et elles sillonneront l'Hexagone au cours de tournées d'été.

Le 78 tours est devenu un objet de collection. Play-back, cassettes, CD font déferler leurs rythmes et leurs sons électronisés. Il n'y a plus de stars. Il y a des météores de la chanson qui déclenchent des engouements mais peu de passion, de rêve ou de mélancolie.

On peut se demander combien, parmi les stars filantes, susciteront autant de souvenirs et d'émotion longtemps après que leur voix se sera tue. Comme Édith.

Cet ouvrage a été composé
par Atlant'Communication
aux Sables-d'Olonne (Vendée)

Impression réalisée par
PRÉSENCE GRAPHIQUE

Monts (Indre-et-Loire)
en août 2013
pour le compte des Éditions de l'Archipel
département éditorial
de la S.A.R.L. Écriture-Communication

Imprimé en France
N° d'édition : 622 – N° d'impression : 081345822
Dépôt légal : septembre 2013